古典文獻研究輯刊

三四編

潘美月・杜潔祥 主編

第48冊

散見明代墓誌地券輯錄

周　峰　著

國家圖書館出版品預行編目資料

散見明代墓誌地券輯錄／周峰 著 -- 初版 -- 新北市：花木蘭
文化事業有限公司，2022〔民 111〕
目 4+188 面；19×26 公分
（古典文獻研究輯刊 三四編；第 48 冊）
ISBN 978-986-518-903-7（精裝）
1.CST：喪葬習俗 2.CST：中國
011.08   110022690

ISBN-978-986-518-903-7

9 789865 189037

古典文獻研究輯刊
三四編　第四八冊　　　　　　　　ISBN：978-986-518-903-7

散見明代墓誌地券輯錄

作　　者　周峰
主　　編　潘美月、杜潔祥
總 編 輯　杜潔祥
副總編輯　楊嘉樂
編輯主任　許郁翎
編　　輯　張雅淋、潘玟靜、劉子瑄　美術編輯　陳逸婷
出　　版　花木蘭文化事業有限公司
發 行 人　高小娟
聯絡地址　235 新北市中和區中安街七二號十三樓
　　　　　電話：02-2923-1455／傳真：02-2923-1452
網　　址　http://www.huamulan.tw 信箱 service@huamulans.com
印　　刷　普羅文化出版廣告事業
初　　版　2022 年 3 月
定　　價　三四編 51 冊（精裝）台幣 130,000 元

散見明代墓誌地券輯錄

周峰 著

作者簡介

周峰，男，漢族，1972 年生，河北省安新縣人。中國社會科學院民族學與人類學研究所研究員，歷史學博士，博士生導師。主要從事遼金史、西夏學的研究。出版《完顏亮評傳》《21 世紀遼金史論著目錄（2001～2010 年）》《西夏文〈亥年新法・第三〉譯釋與研究》《奚族史略》《遼金史論稿》《五代遼宋西夏金邊政史》《貞珉千秋──散佚遼宋金元墓誌輯 》等著作 16 部（含合著），發表論文 90 餘篇。

提　　要

　　本書共收錄明代的墓誌、地券 100 種，其中墓誌 95 種，地券 5 種。每種墓誌地券內容包括兩部分：拓本或照片、錄文。除了自藏拓本 18 種外，其餘的拓本及照片都來源於網路，大部分沒有公開發表過。墓主大部分為不見經傳的普通百姓，為我們瞭解明代民眾的生活提供了第一手的寶貴資料。

目

次

凡　例
散見明代墓誌地券輯錄

凡　例

一、本書所收明代的墓誌、地券，除了自藏拓本 18 種外，其餘的拓本及照片
　　都來源於網路，大部分沒有公開發表過。

二、本書內容包括墓誌地券拓本或照片、墓誌地券錄文。

三、所收墓誌地券皆另行命名，以避免原題繁瑣缺名的情況。墓誌地券原題
　　皆在錄文中出現。

四、錄文采用通行繁體字，對於字庫中有的繁體字異體字徑直採用，字庫中
　　沒有的繁體字異體字則不再另行造字，徑用通行繁體字。墓誌中現在通
　　行的簡體字徑用原字。個別俗字一律改為正體。筆劃上略有增減的別字
　　一律改為正體。

五、原字不全，但能辨明者，在該字外加框。殘缺不識者，用缺字符號□代
　　替。錄文每行後用分行符號／表示換行，文尾不再用分行符號。

六、墓誌地券原來的行文格式不再保留，徑用現行文章體例。

七、墓誌地券排列順序以墓主卒葬日或刻石日前後為序。

散見明代墓誌地券輯錄

一、劉德貞壙誌 洪武三年（1370）九月二十一日

誌蓋篆書三行：故吳婦／劉氏壙／志銘

故吳氏婦劉氏壙志銘／

吳郡提學彭城劉公時之女，諱德貞，嫁延／陵吳用之從子□，為之配。幼通慧習禮容，／□乎有恭順之美。長而帰事舅姑，以孝謹／聞。相夫子，以柔順合。友娣姒，以忠愛結。紉／縫之勞，酒食之養，戜之而不惰。凡里人之／有子婦者，教之婦道，必取法焉。一有不至，／則讓之曰：「汝曷不為吳氏婦耶？」其為人所／景慕乃爾！其没也，人莫不為之痛悼惜，有／其美而天不假之以季者，斂也夫。洪武庚／戌八月丁丑卒，淂季二十四，以九月廿一／日丁卯葬之吳縣橫山桃花隖之原。母氏／李，子福孫。方再朞，郡人袁郁為之銘曰：／

柔德之恒，婦道孔明。垂之不朽，壙則有銘。／

王季刻石。

故吳綵勤氏壙志銘

故吳氏婦劉氏壙志銘

吳郡提學臺城劉公時之女諱德貞嫁延
陵吳用之逡子劉公歡為之配幼通慧習禮容
有恭順之美長而歸事舅姑以忠愛結人之
聞相夫以酒食養戚之友而婦如以孝謹至
延子婦者教之餐戚火耶婦法寫一有不至之
則謙讓之曰汝為吳氏婦道吳氏婦道火耶
景慕而爾其沒之以夫痛悼惜有座
其美而天不假之以年二十四以九月廿
城八月丁丑卒乃年二十橫山桃花陽之原母氏
古丁卯孫方葬之郡人郁為之銘曰
李子福孫方葬之郡人王李刻石
柔德之桓婦道孔明並之不朽壙則有銘

二、吳保三朝奉地券　洪武十九年（1386）二月四日

額正書：故吳公保三朝奉地券

維 / 黃州府蘄州廣濟縣安樂鄉小石門里千家村居住 / 亡過吳公保三朝奉存日元命，前庚申年四月二十三 / 日子時受生，享年人間六十六歲。大限歿，今丙寅年 / 二月初四夜亥時分，在家因病身故。當俗冥錢九 / 萬九千九百九十九貫九分九厘，買地一穴，坐落土名 / 江□□，元住舍場南畔，坐卯向酉加乙辛為塋。東至 / 甲乙，南至丙丁，西至庚辛，北至壬癸，中央戊己，立墓為 / 界。其地俱係亡者所管，應干伏屍古墓冷壇毋□□。 / 代保人歲月，是知見人今日直符，書寫水中魚。吾奉 / 太上老君急急如 / 律令勅。 /

天運丙寅洪武十九年二月吉日，土府契。

三、傅顯俊墓誌　永樂四年（1406）十二月二十一日

額正書：墓誌

故隱士傅公府君墓誌 /

公姓傅氏，先世越奕隸撫之臨川車田里，諱顯俊。既冠，字禄可，素為士族尚矣。惟公魁 / 梧精俊，英發夙成。度量弘大，和易篤實而見節必立；知慮深遠，聰察詳敏而應機能斷。 / 其居室奉養撫字之誠，儀扵鄉里，始終無間而內行著焉；其立身行事待物之道，循扵 / 恭儉，夷險一節而外行彰焉。性恬澹，不好榮麗，務責實去華。奮志磨礪，黽勉寒暑，勞不 / 知游息。威不待夏楚，善處時變。居患難間，雖潤鼎膏鑊，了無怖色；及在豐冨，雖衣錦食 / 玉，寂無喜容。詳言正色，終日喜怒不形，家法齊肅。先之以勤，致累千金之積；隨之以礼， / 遂魁一代之宗。五子一壻，諸孫數十人。每問安必人進而誨之，皆遵守成法。家大盛著， / 于南土為士林美稱。扵 / 大明永樂乙酉六月二十日，考終于正寢。生元戊午五月二十九日，盖五百二十甲子 / 也。嗚呼！公取蕭氏，生男五人。夢良先卒，取黃氏。生孫男諒，取胡氏，生曾孫仁保、仁壽，曾 / 孫女菊英適黃守約。詢娶李氏，繼徐氏，淑女玉真適熊子睿。夢弼先卒，取饒氏，生孫男 / 四人。諄先卒，取桂氏。祀取李氏，生曾孫男堅保。謙取彭氏，生曾孫順昌，継甘氏。誠娶李 / 氏。孫女巧娘適劉益中男。夢悅先卒，取吳氏，生孫男二人。誼取李氏，生曾孫承祖。讓取 / 彭氏。孫女聰娘適桂士弘。夢得先卒，取彭氏，生孫男貞，取嚴氏，生曾孫益生。夢舉取方 / 氏，生孫男四人。謨取胡氏，生曾孫儒生。訓取曾氏。忠保、関童俱幼。孫女幸娘適盛與新， / 鳳娘適朱世章。女淋珍納蕭季雅為贅壻。扵丙戌年十二月丙午日，季子夢舉奉柩合葬 / 于祖壠之右。具事來命，其外甥孫黃收願誌其墓，遂涕而為銘曰： /

潜澤杳深，實生德人。行實是珎，懷誠抱義。創始立制，以成厥美。清河之昌，降自殷商。公 / 其餘光，沄沄溶溶。寔繁寔穹，德流無窮。

外甥孫黃收揮涕撰。

四、林衎墓誌　宣德四年（1429）五月二十八日

林處士墓誌銘 /

處士歿四十餘年，墓未有銘，其孤孫儒持狀踵門請于 / 識。廼憫其孝誠，遂為銘諸。按狀，處士姓林氏，名衎，字和 / 季，學古，其別號也。家世福之長樂，有宋時，混補省魁，號 / 松洲居士，仕吳寓居琴川，贅葛氏，子孫因家焉。故元為 / 常熟州學學賓諱近思者，其曾大父也。仕元為常熟州 / 學直學諱脩德，字立誠，號梅溪者，其大父也。 / 國朝授河南開封府儒學訓導諱大同，字逢吉，號範軒者，其 / 考甫也。母唐氏，生三子，處士行居其三。生而器宇 / 凝重，不伍流俗。且好學尚禮，篤于孝友。守道弗仕，鄉里稱 / 之。《琴川新志》載其「簡重寡默，力行孝弟」。生平製作有《堃 / 菴稿》，與兄裕叔《求志稿》共為《聯璧集》，藏于家。卒時年五 / 十有三，宣德四年己酉五月廿八日也。藏于祖隴之右。 / 配姚氏，有淑德。子男三人：宗娶張氏；完娶張氏；安娶陳 / 氏。女一人，適錢祚。孫男二：儒娶徐；傅娶陳。孫女四：顧 鉞、 / 顧秩、張□、盛玄，皆其壻也。曾孫男女各二。嗚呼！處士立 / 心懷行，表裏不群，其賢扵人遠矣。故宜銘之，銘曰： /

篤于孝弟，遠于利名。載諸邑志，著諸鄉評。 / 其生也順，其歿也寧。有子有孫，永乎其承。 /

南京國子助教、修職郎邑人高德以仁譔并書。

林衍墓誌銘

處士沒四十餘年墓未有銘其外孫許特狀

徽延閣其苦誠之為銘者快狀豪士妮林氏

季學古其別輝也家世福之長樂有來徙居

松洲州居士仕吳寓居琴川贅葛氏子孫遂

為常熟州學諱德字玄藏孫梅妻省其曾大父也仕元

直學河南簡封儒氏生三蘇士行名其字連生

其孝有也母唐封氏生三蘇士行各其字逵生而器宇軒昻

朝枝不重畏共其為人力行孝弟通希仕鄉里偏者

之蕃籍典新志載其簡重憂蒸平生製作有基

十有五省祐四卒已酉五月廿八日卒于家祖殯之年五

配姚氏為兄弟四已男二宗張氏先夢張氏祖安妥顧士

顧氏女一又適林德子男三人宗張氏宛葬孫女四顧士去

祗禮秩任顛蔡皆德作其孫宜銘之銘曰陳右

以鳥子孝即不玄查速于利呼噫士去

其生也卹其没翰蒙邑名希子有孫以仁緫升書

南京國子助教其後郭思大高德以仁緫升書

五、潘簡王朱模壙誌　宣德六年（1431）十二月十一日

誌蓋正書：大明潘簡王壙誌

大明潘簡王壙誌 /

王諱模，/ 太祖高皇帝之第二十子，母趙氏，生洪武十三年 / 八月二日，/ 冊封為潘王。永樂六年五月十一日，受 / 命之國。宣德六年五月二日，以疾薨，享年五十有二。/ 妃張氏，指揮文傑之女。子男八人：長武鄉 / 王佶焞；稷山王佶焆；陵川王佶煙；平遙王佶煟；沁源王佶焯；/ 惟第七子佶烾早薨，未封。女四人：長渾源郡 / 主；次翼城郡主、河津郡主、介休郡主。王 / 惇厚 / 樂靜，謹禮奉法，未嘗有過。訃聞，/ 皇上憫念親賢，悼怛不已，特諡曰簡。遣官致祭，命 / 有司治喪葬。以宣德六年十二月十一日葬 / 于凤凰山之原。是用述其大槩，納諸幽堂云。

大明瀋簡王壙誌
王諱模
太祖高皇帝之第二十子母趙氏生洪武十三年
八月二日
冊封為瀋廷永樂六年五月十日以疾薨享年五十有
命之國宣德六年五月十日
二妃張氏指揮文係之女子男八人長武鄉
王佶焞次陵川王佶熺遷王佶燁黎城王
佶㸌稷山王佶焆沁水王佶熅泌源王佶焊
惟第七子佶烴早薨未封女四人長潭源郡
主次翼城郡主河津郡主介休郡主王惇厚
樂靜謹禮法未嘗有過訃聞
皇上憫念親賢悼怛不已特諡曰簡遣官致祭爺
有司治喪葬以宣德六年十二月十一日葬
于鳳凰山之原是用述其大槩納諸幽堂云

六、吳潤壙記　宣德六年（1431）十二月十四日

額篆書：先府君琴友處士壙記

先府君琴友處士壙記 /

先君姓吳氏，諱潤，字粹夫，別號琴友。吳為泰伯裔，因國為 / 姓。宋建隆間，諱溢自饒之五采山徙居豫章之進賢縣真 / 隱鄉咸溪里，子孫遂家焉。歷十世，至壙號蘭斎，建義學、義 / 倉。又二世，至元傑號西樓，置義田以祀丘隴，修譜系以明 / 昭穆。元傑生允恭，先君曾祖也。允恭生思裕，生士權，號 / 夔樂，世有顯德。母陶氏，宋容州平塘先生五世孫，賢淑溫厚。 / 洪武戊辰三月十九寅時先君生，質粹德淳，克遵遐訓。涉 / 詩書大義，孝慈出天性。事親奉祭，竭力盡誠。膺役服勞，不 / 避艱險。性好琴，居家和易。頃優游，必侍親登。继述西樓焚 / 香，鼓山水一曲，怡然自適。故士友以琴友號之。睦族厚姻，/ 尊賢信友。鄉里德其惠，咸获怀其恩。夔樂府君釋然，以家 / 事相付。居別墅，題曰「崇本」，日以詩酒為娛。一日，以疾终。先君哀 / 毀，葬祭盡礼。奈天禍余，服方闋而先君捐世矣。嗚呼 / 痛哉！時宣德辛亥九月二日也，享年四十有四。娶北山樊 / 氏，子男三：格、枆、楫。女一，淑貞。孫男四：獻昌、文昌、會昌、彥昌。/ 孫女二：圭玉、夢玉。諸孤卜以没年十有二月十有四日乙巳，/ 奉柩葬于撫之臨川縣安寧鄉五十九都山頭祖兆之 / 傍。敢昭告 / 后土之神，丐妥体魄，以福我後嗣。謹記大槩，納諸幽 / 宮，庶昭于永久也。/

孤子吳格泣血謹記。/
忝姻艾啓哲填諱篆額。

據自藏拓片錄文。

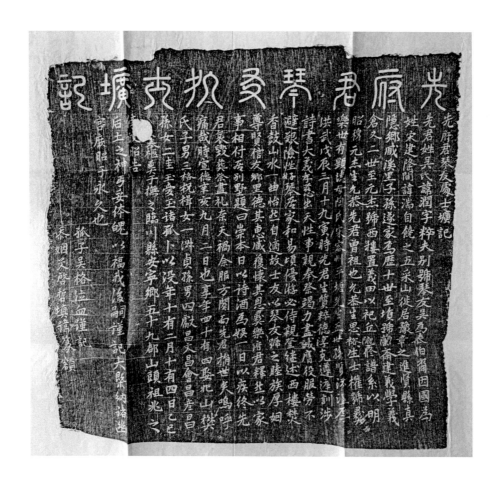

七、徐善英墓誌　宣德七年（1432）十二月十七日

額篆書：陶母徐氏壽三孺人墓誌銘

陶母徐氏壽三孺人墓誌銘 /
奉議大夫、廣東布政使司右參議成紀李永年撰文。 /
賜進士出身、徵仕郎、中書舍人同邑申郡章文昭書并篆。 /
陶為肝之望族，族之善士曰陶君景恒，蕃名聞扵州里，以詩礼世其家。其母壽三孺人徐氏 / 之喪也，卜塋有日，景恒以其子福建延平府尤溪縣學教諭啓所述行状来請銘。按陶為晉 / 都督侃後，其曾孫潛山彭澤令觧官歸隱扵家。厥後子孫遂居江東西烏肝之陶，寔其裔也。 / 世以清白相尚，結姻必求名族。孺人字善英，東海徐谷斌氏之長女。自幼聰慧，父母鍾愛。年 / 十六，歸于景恒之先考本仁。事舅姑以孝，相夫有禮，處妯娌間則怡愉。然中歲夫殁于商，孺 / 人悲慟幾絕，誓不改節，訓誡諸子勉繼父志，為祖宗增光。皆聘良家女為諸子婦，教之內供 / 祭祀，外待賓客，親戚隣里則焉。舅姑既没，孺人率子婦躬行送終追遠之礼，人服其能而比 / 之古賢母云。景恒為萬碩區長，職掌貢賦。昆弟子姪多負勞苦，孺人嘗慰勉之，務畀克濟公 / 家之事為美。孫啓為邑庠弟子貟，教以勤學，致力燈窓，遂能成名。嘗恨其良本仁公早世，不 / 獲見其子孫家門之盛。與人語，則淚潸然流下沾襟，稱未亡人者三十年，貞節嫕行視古可 / 謂無忝。孺人生扵前之庚子閏五月二十有九日，殁扵 / 大明宣德辛亥八月八日，享年七十有二。男子三人：景恒娶甯氏；景憲娶王氏；景武娶侯氏。 / 女子子二人：長適黃孟良；次適王世傑。孫男十七人：啓娶黃氏；紹娶吳氏；璋娶余氏；祥娶何 / 氏；安娶羅氏；經娶王氏；應堡娶黃氏；壽娶徐氏；善娶上官氏；京閭娶黃氏；得、歪生未娶。曾孫雷聖、平和。孫女 / 七人：一適鄭文葺；次適黃益；次適李平；又其次適鄧德仁；餘皆在室。茲以宣德壬子十二月 / 十七日塟孺人扵十九都邊池，礼當作銘，銘曰：

孫澄清、晚成、犬狗、細狗。曾孫猪俚、犬俚、白狗、黃狗、黑獅、麒狗、麟狗。 /

陶為宦族，後世愈昌。徐氏淑女，克配其良。 / 孺人有德，燁然其光。我銘于墓，千載弗忘。

據自藏拓片錄文。

八、陶貴壙誌　宣德九年（1434）十二月二十七日

誌蓋正書：故武畧將軍衛鎮撫陶公壙誌

額正書八行：大明／故武／畧將／軍海／南衛／鎮撫／陶公／壙誌

海南衛鎮撫陶公卒於宣德九年甲寅十一月初四日，／卜歲十二月二十七日葬於瓊州府瓊山縣內義豐鄉／禾豐都小英山平崗之原。孤哀子俊携二弟英、賢泣拜／告於夢松翁曰：「先考之云爲出處、歷官行事，翁知之素／矣。葬日薄，未暇乞銘，敢求誌其生葬年月、行藏大槩，以／納諸壙。」義不可辭。謹按公陶姓，貴諱，天爵其字也。曾祖／考諱某，字某，不仕。曾祖妣太君王氏。祖考諱德，字某，用／例合贈忠顯校尉、所鎮撫。祖妣李氏，合贈太安人。考諱／鼎，字某，贈武德將軍、衛鎮撫。妣徐氏，贈太宜人。公生於／洪武六年癸丑八月六日，享年六十有二。初娶李氏，程／鄉守禦千户王碔女也，先公而卒。續娶丁氏。子三：曰俊；曰英；／曰賢。俊，李氏所出也，娶前千户所千户俞凱女也。英、俊／王氏出也，英娶前所百户劉真女，俊娶徐州蔣氏女。女／四：長適儋州守禦千户徐顯；次適崖州守禦千户史泰；／次許適雷州衛指揮郭長孫郭顯，未行；次庶出也，幼。／孫女一，曰妙清。嗚呼！公之秉心坦夷，居易不險，行己謙／恭，和而不瀆。莅政理刑，不苛不察。不糜爛以樹功，不立／竒而沽譽，烝烝然有儒者之風。今其逝也，孰不傷悲。因／其請，姑書此以實于壙云爾。八十七翁淅河楊升誌。／

　　孤哀子俊、英、賢立石。

大明故武略將軍海南衛鎮撫陶公壙誌

海南衛鎮撫陶公卒於宣德九年甲寅十一月初四日
歲十二月二十七日葬於瓊州府瓊山縣內義豐鄉
卜豐都小英山平岡之原孤哀子俊勢二弟英警泣拜以
於費薄未暇乞銘謹按公為出慶應官行事也其藏之大
葬日義不可辭曾祖妣太君王氏貴譚天尋其字藏也其
諸壙曰義不可辭謹按公太君陶姓王氏祖考諱其字藏
矣葬諸某字某贈忠顯德尉所鎮撫祖妣徐氏贈太安人君字
告於葬贈某贈武德將軍鎮撫祖妣李氏合祖考諱太初衛
乃葬諸某字某字樂妣徐氏贈宜人要前千戶俞州將女也英
鼎合贈某字樂六年千戶減所妣丁氏俞州將女也本衛前
洪武出戶俊王氏要前所百戶卒繼娶王氏子三曰俊英戶
鄉百戶也英守要前所妣劉真女所於戶徐州將女也
所百戶俊守衛指揮郭之東長孫郭顯適崖州守衛指揮次庶
日照氏出也李氏要前卒次孫坦夷居未行次庶出己也
王氏適信州衛清鳴呼公之女顯適崖州守行史女
四長適雷州衛清指揮郭之長孫心坦夷居易以樹功不
次女一曰妙清政理有刑者之女未爛敦不傷悲固立
女和而不沾然有儒者風今其逝也以樹功不傷悲
孫而不蒸蒸慈從子壙云爾八十七翁俊浙河楊升誌
奇讀沽黃山以還子壙云爾八張哀子俊其賢立石因
其讀始黃山

九、羅氏墓誌　正統元年（1436）五月八日

誌蓋篆書三行：故恭人／羅氏墓／誌銘

故恭人羅氏墓誌／

中憲大夫、大理寺右少卿雲間沈粲譔。／

承德郎、户部主事金臺何友書幷篆蓋。／

恭人羅氏，先儀正羅成之孫，錦衣衛副千／户讓之姪，祥之女也。武略將軍信之妹，錦／衣衛指揮王琦之妻也。王公英偉端重，為／時名臣。恭人生長令族，天資純美，父教母／範，閑習聞見，懿德夙成。奉舅姑無違禮，仁／于族姻，克相克順，閨門肅如也。生子九，皆／不育。女一，曰妙真，在室。正統元年四月十／四日，以疾卒。生扵洪武二十七年五月二／十七日，享年四十有三。卜以是年五月初／八日塟于宛平縣玉河鄉之原祖塋之次。／琦與予友，故扵恭人塟也為之誌，俾刻諸／石，納之壙云。

故恭人羅氏墓誌

中憲大夫大理寺右少卿雲間沈㴙譔

承德郎戶部主事金臺何友書并篆盖

恭人羅氏，先儀正羅成之孫，錦衣衛副千戶讓之姪，先祥之女也。武略將軍信之妹，爲錦衣衛指揮王琦之妻也。挨王公英偉端重，時名恭人生長令族，天資純義，婦教姆仁，皆範閑習，聞見懿德，閨門肅如也。奉舅姑無違，禮皆仁，生子九皆不育。女一，曰妙真，在室。正統元年四月二十四日，以疾卒。生於洪武二十有三年五月十七日，享年四十有三。卜以是年五月初八日，葬于宛平縣玉河鄉之原，祖塋之次。琦與予友，故於恭人塋也，爲之誌，俾刻諸石，納之壙云。

十、林淵壙誌　正統三年（1438）十二月二十二日

額篆書：故林處士壙志

先考姓林，諱淵，字希顏，行第端二，世居玉環之東鄠。／祖諱詵，父諱瑞，贅于芙蓉蔡唐叟宅，遂為芙蓉林氏。／生先考，質性剛直，具孝友、睦姻、任恤之行。不幸，有謫／仙采石之厄，至是招蒐，同妣柩而塋。生國初甲辰四／月初七，卒洪武己巳十二月初三，歷年二十有六。先／妣包氏，生甲辰二月初四，卒正統丁巳九月廿三，壽／七十有四。子男二：長軻，娶徐氏；次輗，娶蔡氏。孫男九／人，孫女四人。軻不孝，忍死卜以正統戊午十二月二／十二日，奉柩合塋本里中村之原。嗚呼痛哉！兹既妥／于有灵，恐代移人易，土陌变迁，重貽灵羞。姑叙其畧，／納諸壙。孤子軻等泣血謹誌。／

芙蓉社斈教讀儒士王傑填諱。

十一、梁莊王朱瞻垍壙誌　　正統六年（1441）五月八日

誌蓋正書二行：梁莊／王墓

梁莊王壙誌／

王諱瞻垍，／仁宗昭皇帝第九子，母恭肅貴妃郭氏，生／於永樂九年六月十七日。二十二年／十月十一日冊封為梁王，宣德四年八／月之國湖廣之安陸州。正統六年正／月十二日以疾薨。訃聞，／上哀悼之，輟視朝三日，命有司致祭，營葬／如制，諡曰「莊」。妃紀氏，安慶衛指揮詹／之女。繼妃魏氏，南城兵馬指揮亨之／女。女二人。王以是年八月二十六日／葬封內瑜坪山之原。嗚呼！王賦性明／達，資度英偉，好學樂善，孝友謙恭，宜／臻高壽，以享榮貴。甫壯而逝，豈非命／耶！爰述其槩，納之幽壙，用垂永久云。

梁莊王壙誌

王諱瞻垍第九子母恭肅貴妃郭氏生

仁宗昭皇帝嫡於永樂九年六月十七日二十二年

十月十一日冊為梁王宣德四年正

月之國湖廣之安陸州正統六年正

月十二日以疾薨訃聞

上悼之輟朝三日命有司致祭營葬

之制謚曰莊妃紀氏南城兵馬指揮享之

之女繼妃魏氏女馬指揮之

次女封內命坪山是原嗚呼王賦性明

達資度英偉好學樂善孝友謙恭宜

泰高壽以享榮貴而逝豈非命

邪冤述其縣綱之幽廣用垂永久云

十二、永興懿簡王夫人馬氏壙誌　正統十二年（1447）四月十八日

誌蓋正書四行：大明藩屏／永興懿簡／王夫人馬／氏之壙誌

大明藩屏永興懿簡王夫人馬氏壙誌／

王召教授臣郝謙，命曰：「予之／顯妣太夫人馬氏茲薨，欽惟／皇上命有司造墳安厝。其工將成，卜葬有期，爾當將生薨始末之詳以誌之。」／愧才斐陋，敢不祗承，遂拜手稽首以誌。謹按，／太夫人生於洪武壬戌十月十一日，廼昭信校尉馬公之女也。幼有奇相，天／性慈仁，端靜寡然，淑行異常，不與凡同。昔蒙／太祖高皇帝選配／先王，善能輔相，儀表宮壼。持己克勤克儉，治家無黨無偏。凡諸大小宮務，悉／為剖決。內有不副其意，未嘗慍扵顏面。真所謂德冠藩宮，驚世駭俗而／罕聞者矣。繼承／上命，榮授褒封。迨生二子：長曰志墣，襲封王爵；／次曰志埁，封鎮國將軍，恪守邊邦，多有優舉。及延生孫男六人、孫女二／人，俱受封爵，瓜瓞綿綿。顯／祖光宗而不休已，猗歟盛哉！誠非／太夫人積善存仁，曷克臻此。扵正統丙寅五月初七日，以疾薨于正寢，享春／秋六十有五。欽承／上命，遣內官崔保賜祭。其文曰：「早侍親藩，克著淑行。繼以子貴，榮授恩封。宜臻／遐齡，永膺繁祉。曷為一疾，倏爾云殂。訃音遠聞，良切歎惋。特茲遣祭，□表／親親。」扵丁卯年四月十八日葬于鳳棲原／先塋之右。嗚呼！／太夫人之懿德淑行既若是，／朝廷褒寵又若是。臣謙復何言哉，謹述其槩，以勒于石，納諸幽扃，以垂不朽焉。／

大明正統十二年歲次丁卯四月十八日，教授臣郝謙頓首謹誌。

十三、王法興地券　　正統十二年（1447）八月十日

　　維／大明正統拾貳年歲次丁卯捌月庚申朔越初拾日己巳，／信官王法興
致告于／后土皇地祇、五方五帝、山川百靈，今命陰陽揀到福地，宜於順天
府薊州／遵化縣興仁鄉尹家峪，迁作子癸山午丁向，分金坐壬子，廣德龍為
／壽基。遂用陽錢、五穀九萬九千九百九十九貫九文九分九釐九毫，／東王
公、西王母處買到，選擇楊救貧、妙行真人、長生帝。旺年月行年，／得長命
富貴，利宜修營。山向選吉，得／尊帝二星盖照山向。其地東至青龍，西至
白虎，南至朱雀，北至玄武，四至分／明。書契人張堅固，牙保人李定度。修
造之後，永保信官王法興壽比南／山，福如東海，官禄榮顯，子姪蕃昌。百
年之後，永享安樂。故氣邪精，不／得忓恠。如違，依／女青天律治罪。今
立券者。／右給付受地太監王法興，准此。

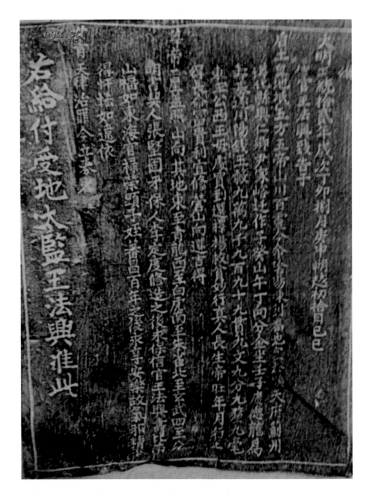

十四、韓靖王朱範圯壙誌　景泰元年（1450）九月二十七日

韓王壙誌文／

王諱範圯，韓恭王第四子，母余氏。以永樂十九／年十月十八日生，正統二年五月初三日冊封／為西鄉王，正統十一年十二月二十一日進封／為韓王。景泰元年閏正月二十八日以疾薨，享／年三十。／上聞訃哀悼，輟視朝三日，遣官致祭，諡曰「靖」。命有司／治喪葬，以景泰元年九月廿七日葬于平涼縣／由延里錦鳳山之原。妃劉氏，西安後衛指揮僉／事之之女，與宮人于氏皆循義而死，妃諡曰「貞／烈」。子男二：徵鈄、徵鍉。女一。嗚呼！王以／宗室之親，嗣封大國，享有貴富，冝膺壽祉，遽爾薨逝，／良可哀也。爰述大槩，納諸幽室，以昭示於永久。／

景泰元年九月日。

十五、梁莊王妃魏氏壙誌　景泰二年（1451）九月七日

誌蓋正書三行：大明梁／莊王妃／壙誌文

梁莊王妃魏氏，南城兵馬指揮亨之／女，母陳氏，生有淑德。宣德八年七／月初三日，冊封為梁王妃。正統六年／正月十二日，／王以疾薨，欲隨王逝。承奉司奏蒙／聖恩憐憫，遂降／敕旨，存留撫養王二幼女，仍主王宮之／事。景泰二年三月十七日以疾薨，／得年三十有八，無子。以薨之年九／月初七日葬封內瑜靈山之原，同／王之壙。扵乎！妃生扵文臣之女，選配王室，正當享富貴扵永久，而遽／以疾終，豈非命乎！豈非命乎！爰述／其槩，納之幽壙云，謹誌。

十六、艾静貞墓誌　景泰三年（1452）正月八日

額正書：故夏孺人艾氏墓誌

孺人姓艾氏，諱静貞，為進賢邑東真隱鄉知縣應中長女也。母德橋／宋氏，則常女也，生孺人於大明洪武乙卯歲正月十九日子時。姿稟／淳懿，德性温恭，女紅姆訓，肆習精勤。父母鍾愛，暨笄，擇配同鄉新溪／夏氏子善。迨歸，事舅姑盡孝養，奉夫盡敬恭，教嗣子嚴篤，□僕下寬／恕，族姻鄰里多加惠愛。閨門之內，肅然雍睦。婦道母儀，□□□□氏／同軌度，真為女中之君子也。正期鸞鳳和鳴，同躋壽考。豈□一疾，藥／石不效，竟溘焉而先逝，寔正統十四年二月初七日卒，享年七十有／五。子一人，曰惟彰，娶□溪車氏，主簿邦□女也。孫男一人，曰正邦，聘／感溪吳氏。孫女二人：曰信弟、信真，俱幼在室。車氏蚤卒，継娶葫橋支／氏。孫男二人：曰正陽，聘洪源吳氏；次曰洪祖。女三人：長適竹下萬民／瞻；次適洛江羅大徹；幼適見任四川盧州訓導東山陳攝。卜以景泰／三年正月初八日壬寅，安厝于里之水推陂祖壠之傍。坐酉向卯，山／水環萃。為吉兆也。子惟彰請余誌諸壙，余忝居西塾，弗獲辭。姑述／其檗，納諸玄宮，以告山靈，尚祈福慶蔭祐後嗣云。／

時大明景泰三年歲在壬申正月初八日，丹陽郡瀘□包鳳廷撰。

十七、林完墓誌　景泰三年（1452）十二月十八日

額篆書：梅屋先生墓

　　林氏世蓄德，今何多艱，前年簇嘗銘其弟思學矣，茲又銘吾思勉焉。／烏乎！豈命數而然耶！抑天戾其道而然耶！吾無能究其然也。君姓／林，諱完，號梅屋，思勉其字也。幼穎悟，日記千餘言，貫穿古今，開塾授／徒，從遊甚眾。不學舉子業，攻詩文，好為古風歌行。落筆不肯休，頃刻／數百言，豪宕俊健。文亦敷贍，議論英發，名重士林。儀觀頎然，性侃直，／不阿諛取容。人有過非，敢言無隱，故少諧於俗。面顏嚴冷，未嘗佞媚／冨貴人。讀經熟於禮，凡鄉之冠婚喪祭儀事，有不能決者，則來質之，／言皆有據，允適時宜，人亦以是多之。簇固期其當為世用，而遽死也，／悲夫！其先號松洲者，福之長樂人。宋末，由補魁宦游來吳，贅於常熟，／是為始祖。高祖近思，元為本州學賓。曾祖修德，亦本州直學。祖範／軒先生大同，／國朝洪武中，以經行明修，舉任開封府學訓導。考衚，字和季，遁迹不仕。／母姚氏，生三子，以季子安出繼仲父求志嗣，即思學也。思勉卒於景／泰三年壬申十一月十三日，春秋四十又四。娶尚湖張惟善女，無出。二女：壽祖、悅祖，皆幼，側室龔出也。仍有娠，未知其男女。卜是年十二／月十八日丙午，兄思孝為葬于虞山之陰報慈里祖隴之侇。銘曰：／

　　才則奇也，命奚奇也。雖晦之前也，必後之傳也。／

　　前山東曹縣儒學教諭東吳季簇譔，澄溪嚴雍書，呂順鐫。

樓處先生墓

林氏世蓄德今何多
鳥諱宣命數而然即抑天庶其道而致然耶吾無能
徒從言甚聰不學舉子業亦守攻詩文好為古風歌行落筆
百計讀經黠人有禮過凡非敢言無隱壺奪儀論英俊名重士林儀觀頹然性侃
不貴阿諛取容時宜福之長華人宋末由補弛其官退來赴吳藜於常範殁之
數皆有據號允適時者元為本州學宦祖儁德
言皆有據號松洲近思元為本州學宦
悲為其先祖高祖

是為始祖大同以經行明修舉任開封府學訓導考諱學和季遇遊不仕
軒先生生大同以經行明修舉
朝姚氏生三子以季子安出繼仲父求志嗣即思學也思勉卒於此景
母姚氏生三子以季子安
奉三年壬申正月十三日春秋四十又四娶高澗張惟善女無出
三女壽祖悅幼祖習側室襲出也仍有娠未知其男女卜塟年十二
月十八日丙午祖皆幼側室襲出也
師山伊則奇也命妻奇也雖晦之前也嚴雒書
山東曹縣儒學教諭吳季麓譔
圍順勞

十八、魯王朱肇煇壙誌　成化二年（1466）十一月十六日

誌蓋篆書二行：魯王／壙誌

　　王諱肇煇，／魯荒王之子，母戈氏。洪武二十一年六月十二日生，／二十三年五月十三日封為世子，永樂元年三／月初二日襲封魯王。成化二年七月十五日以／疾薨，享年七十有九。訃聞，／上輟視朝三日，遣官致祭，諡曰靖，／命有司治喪葬如禮。妃嚴氏，中兵馬指揮敬之女。子六人：／泰堪封世子；泰坾封安丘；泰壄封樂陵；泰墱封／鉅野；泰㙉封東阿；泰塍封鄒平。皆郡王。女五人：／封諸城、文登、鄆城、福山，皆郡主，第五女未封，早／喪。孫男一十九人：陽鑄封世孫；陽鐆、陽鎣、陽鐔／皆封各郡王長子；陽鏊、陽鏨、陽鐘、陽錧、陽鑠、陽／鈺、陽鎦、陽鏢皆封鎮國將軍；陽錯、陽錡、陽銖、陽／鉞、陽鑿、陽鋑、陽鏽皆未封。孫女一十五人：封栖／霞、章丘、朝城、蒲臺、萊蕪、棠邑、泗水、益都、魚臺、壽／張，皆縣主，五人未封。曾孫男一十四人，曾孫女／一十人，皆幼。以本年十一月十六日葬於鄒縣／五雲山之原。嗚呼！／王生長親藩，早承爵位，宜享遐壽，而遽止於斯，／豈非命耶！爰述其概，納諸幽壙，用垂不朽云。

十九、楊氏內壙記　　成化四年（1468）正月十三日

額正書：習母楊氏孺人內壙記

　　習母孺人姓楊氏，出於淦東桂源之 / 望族，配于邑之英崗習氏紹祖。生男二 / 人：長曰彰信，娶曾氏；幼曰彰吉，娶李 / 氏。孫男八人。彰信生男五人：曰載□、載 / 儀、載玄、載謀、載榮。曾孫希吉、希顏。 / 彰吉生子三人：載烈、載文、載典。孺 / 人生于洪武甲子八月十一日寅時，終于成化 / 四年戊子正月十三日酉時，壽年八十有 / 五。葬于本里地名藍田坑，獅形，坐寅趾 / 申。嗚呼！孺人女德既全而孀節 / 益謹，誠能接踵于烈女節婦之後也。茲 / 卜葬于宅兆，必能垂蔭子孫而流芳萬世。 / 唯冀尊靈其安妥焉！

　　據自藏拓片錄文。

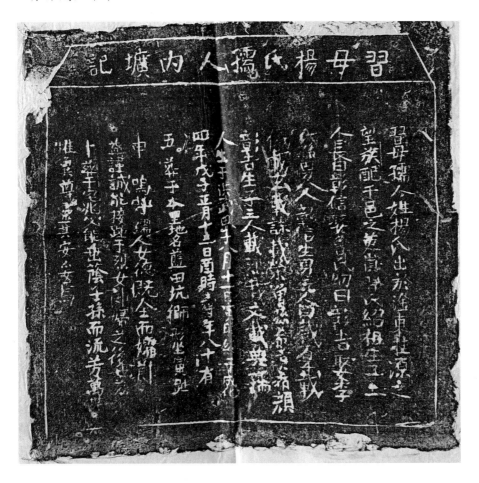

二十、楊妙信墓誌　成化五年（1469）十一月十六日

明故楊孺人墓誌銘／

南京翰林院孔目同郡支立撰文。／

南京刑部廣西清吏司郎中、奉議大夫同郡金禮篆蓋。／

南京工部都水清吏司主事、承德郎平湖沈縈書丹。／

南京中軍都督府都事嘉興金君養晦繼室楊孺人卒，余往弔之。君悲甚，／扡淚告于余曰：「吾家政之綜理，祭祀之精潔，中饋之易辦，衣服無垢無綻／裂，妾御僮僕撫愛各得其歡心，皆吾妻之力也，今則已矣。」語益悲。詰／朝，自／為狀，次其世出行事，来乞銘。按狀，楊世家常州武進，曾祖金吾左衛指／揮同知，祖調河南宣武衛指揮同知，因居于汴。父旺，宣武衛指揮同知。／孺人諱妙信，自幼秀慧，父母愛之，擇所婦，年十九，以配君。時君為河南布／政司照磨，孺人相之，盡其道。在汴五年，婦寧未嘗宿于家。君陞都察院都事，奉／勑浚漕渠。孺人携幼子祚歸嘉興，至之日，即抱祚謁拜金氏墓，鄉里稱之。平／居不喜為俗婦冶容笑語聲，不出簾幙，人尤難之。君来南都，年近六十矣，／嘗有退休之志。孺人曰：「君方為留守大臣所倚重，當竭忠贊畫，以圖報／君恩，慎勿自沮。妾當歸葺故廬，以湏君也。」明年疾作，勿起矣，享年二十有九，／卒扵成化戊子八月十四日也。子男二：祚，夭死；禧，未期。女一，英，始三歲。葬／扵又明年十一月十六日，墓在嘉興白亭十五都呂字圍。余扵君同里人／也，銘何可辭。銘曰：／

方幽蘭之茁于阯兮，固已異乎宿莽也。及秀穎之菲菲兮，何江離揭車之／足屬也。羌盈要而充幃兮，致靈脩之揚芳于幙府也。諒昭夐之難覷兮，何／刜萎于秋雨也。嗟厥美之孔輝兮，鑽銘章以昭于千古也。

二十一、姚慈善壙誌　成化六年（1470）三月三日

祖母姚孺人壙誌 /

儒家門不幸，重罹慘毒。前年吾父棄背，囑儒曰：「祖母衰 / 老，我弗獲終養，死不瞑目。汝宜竭力奉事，以盡天年。」哽 / 咽而絕。儒養祖母未及再期，成化五年閏二月二十九 / 日，忽無疾熟寐而逝。嗚呼痛哉！祖母姓姚氏，諱慈善，世 / 居蘇之吳江。洪武辛未，外曾祖次宗教授河南，與吾曾 / 祖范軒先生同官，見吾祖埜菴府君好學速成，遂以妻 / 之。時祖母年方及笄，克盡孝敬，得舅姑之心。歲巳夘，曾 / 祖乞老還家，祖母奉養無違禮。後數年，曾祖考妣與吾 / 祖相繼歿，祖母哀傷備極，終身屏去華靡之飾，以清儉 / 自持，與祖姑節嫗居，撫教吾父與諸叔皆底成立。而諸 / 叔皆先歿，而吾父亦不得終養，宜乎抱憾扵地下也。祖 / 母生于洪武丙寅六月二十二日，卒之年八十有四。子 / 男三：長為吾父宗，娶張氏；次完，娶張氏；次安，娶陳氏。女 / 一，適錢祚。孫男二：儒、傅，皆已娶。孫女四，皆有歸。曾孫男 / 女各二，皆幼。儒謹以明年三月三日奉柩合葬于先祖 / 之兆。幼弗能備述祖母平生懿行，姑以素聞宗戚長老 / 之言誌諸壙。嗚呼痛哉！ /

孤孫儒泣血謹誌。 /

文林郎、前進士同邑蔣緻填諱。

二十二、尹希貢地券　成化七年（1471）十二月十五日

蓋正書：故虜士天水郡貢堂之墓

地券正面

額正書：□券文

青鳥子曰：按鬼律云，莝不斬草，買地不立地券，謂之盜葬。／乃之券文曰：江西吉安永新登豐鄉開耀里羅坊社龍侯祠下／孤哀子尹期頤、順、顯、頊等，伏念先父尹公希貢生扵洪武癸酉／年正月初一日，歿扵成化辛卯春三月二十日，享年七十有九。卜佳城，停柩／在堂，請命陰陽術士尋卜吉地，在于周常社祖地，真武坐壇形，卯乙／山酉辛向。龜筮叶從，而安厝之。謹俻冥錢九九之數幣帛五方色段，／獻于后土陰官帝君，鬻地一所。東至青龍，西至白虎，南至朱／雀，北至玄武。內方勾陳，外治五土。彼疆此界，龍神呵護。亡人收執，永鎮／幽堂。客水消除，斷絕兒虎。敢有干犯，神力置汝。子子孫孫，俾熾／俾昌。

時／大明成化七年歲次辛卯十二月十五日孝男尹期頤、／期順、／期顯、／期頊、／期碩、／期顴、／期顧謹立。／

地主張堅固。／

牙人李定度。／

立契日功曹。／

書契人玄武。／

證契人東王公、／西王母。

地券背面

大上女青律令敕／

大乙金章，靈炁輝光。六丁左侍，六甲右傍。／青龍□位，白虎趨鎗。朱雀正視，玄武當堂。／蛇鼠遁跡，邪精伏藏。亡靈安穩，子孫吉昌。／五方五煞，不得飛揚。川源吉水，萬派来祥。／天氣下降，地氣上昇。東山土燅，西山起雲。／穴吉而温，子孫安康。龍虎□迎，□□□□。／□□□□，永鎮山岡。山岡山岡，丗丗吉昌。／

急急如律令。

據自藏拓片錄文。

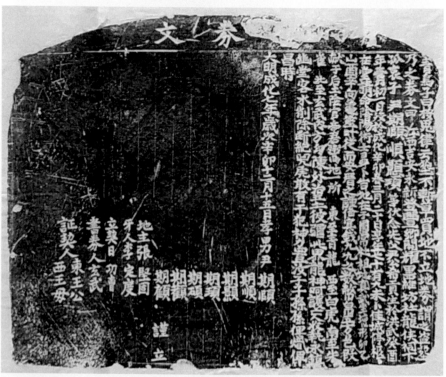

二十三、林昌福埋銘　成化十五年（1479）九月七日

下場外孫林昌福埋銘／

昌福，吾壻林傳之子，生而性慧。／稍長，扵所親知孝敬，遇賓客識／禮讓。與群輩居，無薄劣態。授以／小學四書，悉能通倍。習字端楷，／尤善屬對。吾每試之，輒應口捷／出。人謂其後必能大林氏之門／也。不幸，卒扵成化己亥八月甲／申，得年十一。至九月庚申，葬祖／陇之殤穴。外祖陈九疇为之銘／曰：

人之脩短有數，定扵厥初。若／昌福之敏慧，是誠有望扵吾。不／有意其成之之難也，嗚呼！

二十四、謝一鶚墓誌　成化十五年（1479）十二月九日

額篆書：謝公墓銘

弋陽宋處士一鶚謝公墓誌銘 /
賜進士第、中憲大夫、廣信府知府長樂謝士元撰文。 /
賜進士出身、徵仕郎、南京給事中上饒王讓書丹。 /
賜進士出身、中議大夫、右僉都御史貴溪高明篆額。 /

宋處士一鶚謝公没塟洪山黃瓜壠之源。及元移宋祚， / 文節公疊山先生死節身亡。家破族以浸微，子孫無展 / 墓者，墓遂為樵木之墟矣。 /

皇明宣德九年甲寅，敓扵豪右，黃瓜壠之殯幾不屬謝氏。後 / 三十五年為成化三年丁亥，有十世孫郡庠生琳甫長， / 具其情訟于郡。因循易十餘稔，前後更三守，莫或理之。 / 十四年戊戌，予領郡符，始懲豪右，撤其新窆，給工費與 / 琳，令脩築再掩。琳思歲月滋久，陵變遷，未能無後日 / 之慮。乃刻石以誌，丐予銘。嗟夫處士，吾橫溪派二世祖， / 諱一鶚，字雄飛，行伯二。父即九居士彥安，娶朱氏，子千十 / 三公應琇，潯洲僉判。千二公居小水口，千三公縣尹，千 / 九公渡淮去。文節公乃僉判所出，實處士嫡孫。傳至琳， / 十一世矣。按譜，墓卜扵僉判之手，宋嘉定十七年甲申 / 也。重掩扵大明成化十五年己亥十二月丁丑初九日 / 庚申，琳為之。嗚呼！故家大族，一旦星移物換，影滅響絶， / 寢廟丘墟，何旦墳墓為然。惟忠臣義士之家，雖不必其 / 與天地相為悠久，大抵正氣一脈流行宇宙間，自是各 / 別。若吾疊山先生不事二主，狼狽甚矣。後日史鑑載其 / 正大之學，剛烈之氣，忠肝義膽，凛凛如生。迨我 / 國 / 朝褒有諡，享有祠，耿耿殆千萬世無纖毫假借。及覩是墓， / 一奪扵豪右之家，尋復扵耳孫之手。數百年間，影響未 / 泯，吾竊以為非琳所能預也。要之，亦自有不可曉者存。 / 嗚呼！亦可動心已，銘曰： /

洪山之山，天伏龍虎。洪山之水，地為門户。 / 云誰之藏，猗文節祖。既啓復復，厥□斯妥。 / □乎佳哉！千秋萬古。 /

世嫡孫謝琳泣血立石。

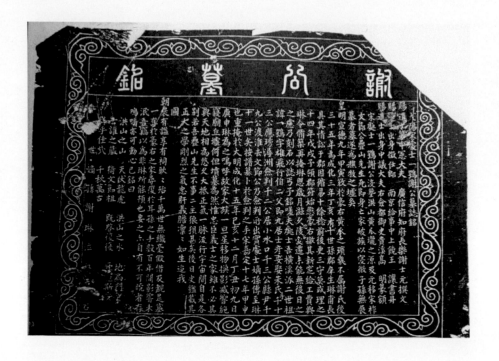

二十五、吳妙淑墓誌　成化十八年（1482）正月四日

額篆書：故李母吳氏孺人墓誌銘

明故李母吳氏孺人墓誌銘／

勑督孝校、陝西提刑按察司副使同邑伍福撰。／

賜進士第、浙江紹興府諸暨縣單宇書丹篆額。／

成化己亥三月望七日，李母吳氏孺人以疾終于正寢，厥子紝哀毀／踰礼，泣不自勝。既而奉其舅濂溪周隱君之行狀，哀絰踵門，拜請銘／以納幽壙。庶死者有所徵，生者知所自。予按孺人諱妙淑，乃進邑嵩／城吳季兰之女，母支氏，吳亦望族。生孺人於前丁酉閏五月初四日／子時，幼遵姆訓列傳諸書，勤拎女紅，父母鍾愛之。既長，擇配長樂鄉／清遠李均天秩。李乃唐宋之故家，昔膺万石，長以忠厚見称。而孺人／帰李，能執婦道，事舅姑，睦宗戚，和隣里，御臧獲。凡祭祀待賓客，躬主／饋饌，克盡其道，固內外称賢也。藁砧中道之而歿，儉愈篤，家業益裕。／慈拎教子，皆有成立，悉頼孺人之力焉。子男四人：長曰織，娶河溪陳／氏，先卒；次曰紝，娶漸嶺梁氏；三曰緦，娶鍾陵施氏；幼曰紈，娶平湖周／氏。女二：長適吳益祥；幼締東莊鄒祥。孫男七人：曰銘，娶東莊鍾氏；曰／鉌；曰鋼；曰錦；曰鏍；曰銈；曰銀。孫女二人：曰貞珎；曰昭英。卒後三年，壬／寅正月初四日癸酉，厝棺本鄉地名辟頭山，首丑趾未，以安神棲。嗚／呼！孺人之生，德足潤身，善足彰世。有三從之道，全四德之礼。而能表／率閨門，儀刑鄉里，抑其生質之美，有以成之。宜為之銘，銘曰：／

性柔而正，行淳而良。婉娩時習，言語有章。孝称拎族，／善著拎鄉。節行愈固，福壽且康。子孫蟄蟄，如珪如璋。／卜其宅兆，陂山之陽。勒銘于石，餘慶綿長。／

皇明成化十八年歲次壬寅正月吉日，孤哀子紝、緦、紈，孫銘立石。

故李母吳氏孺人墓誌銘

明
故李母吳氏孺人墓誌銘
勅贈孝棧陝西提刑按察司副使同邑伍□□撰
賜進士第浙江紹興府諸暨縣知縣單宇書并額

成化己亥三月望七日李母吳氏孺人以疾終于正寢享年
以喻礼泣不勝庶死者有所徵生者知所自於前一酉閏五月初四日
城吳秀蘭之女母吳氏孺人人茯終于正寢卒配長樂鍾門拜詞萬銘
子時幼遵母訓列傳諸書勤苦家皆見稱鄉里方援援見稱長樂鄉銘
清遠李俊婦道國內成立悉類孺人高碣里鄉道之而疾俊見貞容客
歸饋饌克盡其道三男四人俊施曰全曰東平湘
氏李文其子曰佺次子曰俊佺娶吳道圖內曰稱宗感和鄰里鄉郡宗
民女卒二長適吳益漸懽娉氏三曰總陵寫子男四人俊曰珍娶河湘
氏先教子銚曰翼面厚揖本鄉孫男二徐琳男曰施曰珍東主
蘇曰鋼之生德吳潤其生質之美銀孫地有三從之宜為之東主礼族
寅正月初四日癸酉面厚揖本鄉孫地有三可以滅之宜為之東三年主
呼善著於鄉節行浮而生彰福壽時習以滅之宜蓋孫有謇重之能嗚乎
率性隨而正德里行愈而圓良正勒翰于且康時石吉孤哀子俊緦衰如佳銘
皇明成化十八年歲次壬寅正月勒翰于吉石孤哀子俊緦衰如佳銘

二十六、高氏壙誌　弘治八年（1495）正月十五日

誌蓋篆書三行：明故李 / 母高氏 / 之壙誌

先妣姓高氏，慶陽安化之赤城里人，世德朴信力農事。我外大父諱 / 成，娶劉氏。正統庚申五月丙子日，我先妣生焉。襁褓許李氏，二十有 / 一歸我家君大人，名正，字惟中。後十五年，家君得訓導，隨任之阜平。 / 又七年，陞周府封丘王教授，隨在汴。弘治癸丑八月二十九日，卒於京師官邸，壽 / 止五十四。性重厚端淑，明敏識事。于歸不及舅氏，我家中衰，處之如 / 固有。其事我先祖妣，相我家君力學，交娣姒，修內職，無不盡善，家道 / 蓋駸駸乎振作矣。比從遊仕，以勤慎率人。雖閨門嚴畏，僕妾奉命，而 / 慈愛藹然。聞談窮困流落者，痛加憐惜，恨莫能助，飲食贏餘必給丐 / 者。先仲父有子曰孟春，兩歲失怙恃，取撫為己子，俾成立有室。女奴 / 既長，則置箱奩以嫁之。故家君仁厚之德，特介之節，人謂得內助焉。 / 教子弟隨事戒諭，與嚴師比。弘治壬子，夢陽竟賴發陝西鄉解，癸丑 / 登毛澄榜進士，被留。家君尤手示敬君勤事處人之宜，曰：「此我之意， / 亦汝母之意，不可忽也。」夢陽去膝下既久，先妣苦思一見。是歲六月， / 拏舟至京師，意倚慈訓，用圖報忠萬一。無何天宥頑惡，不奪之壽，而 / 禍我所恃矣。自途中遘疾，幾百日，醫雖罔却，而拳拳以命自處分，囑 / 後事，若有所前知者。夢陽泣涕請，惟曰：「忠孝不兩盡，汝竭力事汝君， / 吾目瞑矣。」子三：長孟和，義官；次夢陽；次孟章；女三：一適曹經；一適王 / 璽；一先夭。孫男四：曰根；曰木；曰枝；親見其長曰葉。但見其生屬纊，時 / 夢陽與幼弟幼子枝在左右。斂後一日，孟和兄奔始至。家君與諸孫 / 在汴，諸女、諸外孫在慶陽。嗚呼痛哉！夢陽等攀號哀苦，輿襯至汴，衰 / 貧莫濟。後二年乙卯春三月，始得西還故里。秋七月壬午朔，始安厝 / 於慶陽之南向十里鋪西原。嗚呼！身負淑德而中道殂摧，家隔關山而 / 覓氣以之視天。夢夢一至此雪邪，而致之者誰之罪也。濫有一官而 / 褒寵不逮，又不克速葬而虞焉。茲地永安，茲石不朽，茲恨則與天悠 / 久也。 /

大明弘治乙卯正月十五日鐫石。

二十七、李氏壙誌　弘治九年（1496）十二月五日

額正書：陳母李氏內壙

臨江府新淦縣太平鄉十六都二圖烏驥埈上陳宅字／民望子仕傑孫詢誨，孫嫂李氏雅八孺人。娶同鄉十七都／李待春長女，生於正統己未年五月初九日申時，享春／光五十二歲。不幸，沒於弘治庚戌年三月初十日寅時，／停棺至丙辰年十二月初五日戊寅辰時，葬於同邑玉／富鄉十二都西排塘坑。作風吹羅帶形，艮山坤向，兼丑未三分，永為吉／兆。孺人生子二人：長鶴壽，丙戌生，娶同鄉小安習書翰女；次／男庚壽，庚寅生，娶撫州府樂安縣二十三都河源楊正本女。／長女安秀，己卯生，適樂安縣二十三都河源楊清源長子字／榮世；次女樂秀，甲午生，適挈溪聶顧孝子挺傑。男／孫麒仔，尚在童，七歲。孺人子女四人，俱各完娶，是而歸也。

據自藏拓片錄文。

二十八、楊素善墓誌　弘治九年（1496）十二月二十四日

明故王母太恭人楊氏墓誌銘 /

賜進士出身、榮祿大夫、太子太保、禮部尚書、兼 / 武英殿大學士、知制誥、國史總裁、同知經筵洛陽劉健撰。 /

賜進士出身、嘉議大夫、禮部左侍郎、兼翰林院侍 / 讀學士、知制誥、經筵國史官長沙李東陽篆。 /

中憲大夫、太常寺少卿、直文淵閣、預修國史永嘉姜立綱書。 /

大理卿王霽母太恭人楊氏弘治九年三月初四日卒于鄉，霽聞訃哀慟，以其 / 情言于 / 上，蒙賜塋祭。故事，大臣之母賜塋，必封及三品。太恭人僅四品，蓋 / 恩也。霽歸塋有日，以健同年相厚，乃詣而泣告曰：「霽母太恭人自幼性貞淑，閑 / 女德，父母鍾愛之，擇以帰先君。既歸，修行婦道，奉舅姑，處家眾，俱有道。先祖早 / 沒，奉先祖母尤謹，日夕侍養，未嘗去左右。飲食必親調，衣服必躬制，不以委婢 / 使。先祖母甚安而悅之，臨終呼謂曰：『吾死無以報汝，但願汝生子若孫俱若汝。』/ 太恭人服喪哀甚，曲盡情禮，鄉黨稱為孝婦。平居處家，眾教諸子，嚴而有方。見霽 / 性慧稍有進，特加飭勵，遣為邑庠生。景泰中，先君沒，飭勵益嚴。及霽獲登進士，/ 由南京刑部主事累至今官，又屢書，勉以清白，語諄諄，未嘗一及扵私。霽在 / 仕途，獲齒搢紳，皆太恭人之教，鄉黨又稱為賢母。今不幸以疾卒，願先生畀之 / 銘，以光潛德。」健自天順庚辰，叨第與霽識，將四十年未嘗見其過言過行。古人 / 云：「非此母不生此子。」太恭人者，健雖未獲升堂一拜，今以霽觀之，則其賢且孝 / 也，蓋卓然可知，銘乎可辭？太恭人諱素善，家松之上海。曾祖松菴，祖彥平，父仕 / 英，三世俱有陰德及人，鄉稱長者。太恭人甫笄，帰同邑贈黃州府知府王公諱 / 顯忠。以子貴，累封太恭人。所生子男三：長雲；次即霽，天順庚辰進士，大理卿；次 / 霦。孫男四：長泰，成化癸卯鄉貢進士；次節、臨、觀。女一。曾孫男八：存孝、存弟、存忠、/ 存信、存禮、鳳鳴、鳳儀、鳳翱。女四。太恭人卒時年八十有四，以是年冬十二月二 / 十四日丁酉，與贈知府公合塋其邑陸家浜之南原。銘曰：/

女德之盛，曰賢與孝。兼有于躬，/ 恩典之隆。惟封與葬，俱以時逢。始終克備，沒應無憾。銘以藏之，用昭後鑒。

明故王母太恭人樓氏墓誌銘

賜進士出身榮祿大夫太子太保吏部尚書兼武英殿大學士知新誥國史總裁同知經筵洛陽劉健撰

賜進士出身嘉議大夫禮部左侍郎兼翰林院侍讀學士知制誥經筵國史官長沙李東陽篆

中憲大夫太常寺少卿直文淵閣預修國史永嘉姜立綱書

大理卿王霖母太恭人楊氏以弘治九年三月初四日卒于鄉霖聞計哀慟以其

蒙賜葬祭故事大臣之母賜塋必封及三品太恭人僅四品蓋...女德父母鍾愛之擇以歸先君既歸師修行婦道奉舅姑廑廑...泰先祖母謹日夕侍養夫嘗左右飲食必親調衣服必躬製不以委娣...祖母每安而悅之臨終呼謂曰吾死矣無以報汝但顧汝生子若孫俱有後...人於人服衆書曲盡情禮鄉黨稱為孝婦平居家衆教道子嚴及養獲登進...霖性慧精有進德持加飭勵道為邑庠生景泰中先君沒家衆...十由南京刑部主事累至今官又屢書勉以清白語諄諄未嘗一及於私壽在...任遂蕃齒播紳皆太恭人之教養又稱為賢母今不幸以疾卒願先生畢之...銘以先潛德健自天順庚辰其間見過行古人之...六非此女不生此于太恭人者健本籍丹堂一拜今以壽觀之則其賢且孝...蓋然可知銘于可辭太恭人譚善家松之上海曾祖諱蓉祖諱立父諱...英三世俱有陰德及人鄉稱長者太恭人甫笄歸黃州府知府王公諱次...顯忠于貴累封太恭人所生子男三長霑次庚辰同呂黃川府知府王公霖次...孫男四長泰成化卯鄉貢進士次節臨觀女一曾男人存孝存忠...彩鳳鳴鳳儀鳳翔女二大恭人卒時年八十有四以是年冬十二月二...信孫禮以陸家濱之南原銘曰

思典之隆惟封與葬俱以時逢始終克備沒應無憾銘以藏之用昭後鑒

女德之盛曰賢與孝兼有干躬...十四日丁酉與贈以

二十九、王鏞壙誌　弘治十年（1497）正月十三日

額篆書四行：先考／王府／君壙／志

先考王府君壙誌／

先府君諱鏞，字九韶，行誠四，別號中制。先世肇源晉之江左，衍派閩／之赤岸。至我萬十一府君以兵乱由閩避居永嘉英橋，是今之始遷／祖，距府君凡十有二世。曾祖諱毓，祖諱環，妣謝氏、楊氏、林氏。考諱坦，妣藍田李氏，生府君於正統戊午十一月四日甲申。自少岐嶷，資性／明敏，孝友之行出於天成。妣李氏早世，恒以弗及侍養為憾事，晚妣邵氏無間己出。平以處心而險詖不留，和以應物而乖戾不作。閨門／雍雍，宗戚欣欣。事上使下，各得其道。且能精於權度，處無難事；伏義／執言，無為詭隨。以故郡邑賢士，夫若姑蘇文侯、吳川林侯等輩，事無／大小，凡所資者，縱操曲直，未嘗不委心於側耳之際。府君於此，不末／嘗藉此以自雄於鄉曲也。晚歲，委家政於澄等，徜徉物外，以詩酒自／娛。夫何未幾，而昊天不吊。弘治丙辰九月五日戊寅，以疾終於正寢，／使罔極之恩，報無餘日。嗚呼痛哉！娶母四峽陳氏，生澄及弟清、汀。清，／郡庠生。妹一，適安固東溪姜□，太僕少卿立綱之猶子也。孫男五：良／材、良榦、良模、良采、良相。女二，俱幼。澄等不孝，忍死卜以卒之又明年／正月十有三日己酉，奉葬於五都半山先㛄之次。攀慕悲號，無所逮／及，謹述梗槩，用掩諸幽云。孤□□泣血誌。／鄉貢進士藍田李階填諱。

三十、吳氏墓誌　弘治十一年（1498）十二月十八日

誌蓋篆書三行：明故孺／人吳氏／墓誌銘

明故孺人吳氏墓誌銘／

賜進士第、大中大夫、河東都轉運使、前户部郎中眷末李釗撰文。／

賜進士第、中順大夫致政、湖廣德安府知府同郡張澍書丹。／

賜進士出身、中憲大夫、蘇州府知府、前監察御史同郡史簡篆蓋。／

洛陽七品散官喬君經之配吳氏以弘治戊午閏十一月二十一日無／疾而終于家，距其生正統乙丑十一月二十五日，得年五十有四。卜是／年十二月十八日祔于邙山喬氏祖塋。先期，其子庠生淮纍然重服持／狀踖門泣而請曰：「淮不肖，叨游郡庠，粗知禮義。今母年未老而遽卒，恨／無以顯親揚名，不孝之罪無所逭。然圖拎不朽者，惟勒石垂後耳。願丐／一言，以為吾母幽泉之賁。」余與喬門有婚姻之好，曰弗獲辭。按狀，吳氏／為洛之望族，南皮縣丞瑛長女也。孝敬慈惠出于天性，容儀靜莊，女紅／精緻，父母愛之而難其歸。適喬君擇配之期，喬君乃夏縣學諭、贈兵部／郎中昇之子，蜀藩糸議縉之弟。幼承父兄之訓，藹然有詩禮之風。用是，／遂許其聘。及其既歸，孝拎舅姑，順拎夫子，和拎娣姒，而中饋之事尤為／脩潔。且平居寡言笑，謹出入。教子以恭，不溺拎愛。舉族長幼，咸得其懽／心焉。宜躋上壽，僅止拎此，聞者莫不盡然。子男二：長即淮，娶錢氏；次曰／江，亦業儒，聘孫氏。女一，字余之仲子澄。孫男二：長天麒，聘李氏；次天麟，／尚幼。銘曰：／

孺人懿且莊也。結褵君子，胤其良也。婦儀克脩，母道光也。／天胡不憖，溘然亡也。峩峩新阡，邙之岡也。刻辭蒼堅，示不忘也。／

刘雄鐫。

三十一、阮勤墓誌　弘治十二年（1499）六月十八日

誌蓋篆書：大明故南京刑部左侍郎進階資善大夫致仕阮公墓銘

大明故南京刑部左侍郎進階資善大夫致仕阮公墓誌銘 /
國朝宗室沈府清源王別號懶雲撰文。 /
賜進士第、中順大夫、陝西鳳翔府知府、前刑部郎中同郡趙博書丹。 /
賜進士第、中順大夫、四川夔州府知府、前戶部郎中同郡趙奇篆蓋。 /
公姓阮氏，諱勤，必成其字，世交阯多翼人。永樂三年， / 天兵討黎酋。
公父河預知黎必敗，率鄉曲畏天 / 討者數百人首詣總兵、太師、英國公張輔
軍門歸順。總兵嘉其慕義，留之帳下，以嚮導功授雲屯縣典 / 史。宣德初，
土人繹騷，河挈家屬，持銅章及儒學、河泊二印，泛海窮日夜趨欽州，乘馹
傳詣京師。 / 宣廟重其欵誠， / 賜第宣武門及襲衣銀鈔酒肴。尋改除山西潞
州長子縣典史。正統壬戌，卒扵官，子孫因占籍焉。公性 / 慧敏，篤志好學，
炊酌經史。援例乞 / 恩補京庠生，以《易經》中景泰庚午順天府鄉試。辛未，
會試不偶。甲戌，登進士高第，試政禮部。奉 / 命纂脩山西志書，事多采錄，
纖芥無遺。事竣，還京。乙亥歲，拜南京大理寺左評事。天順丁丑，以繼母
憂， / 去官。典史公及母吳氏二喪尚旅殯僧寺，公始經營吉兆扵邑城西南之
原，舉三柩合葬之。己卯，服 / 闋，除大理寺右評事。辛巳，考三載最，恩
封典史公同其官，母吳氏、繼萬氏俱孺人。壬午，陞本寺右寺副。在官凡八
年，獄多平反，人賴生活者夥。 / 癸未，吏部以勞績擢陞浙江台州府知府。
至郡，首興學校，建鄉賢祠，除摘宿弊，順民好惡，一郡大治。 / 闢汙萊、
開水利之事，不可縷數。成化壬辰， / 廷贈父母如己秩。尋陞山東布政司左
叅政，癸巳之任。適歲大侵，公多方區畫，活者甚眾，都憲牟公上 / 其能。
丁酉，陞本司右布政。戊戌，轉左布政。庚子， / 欽陞都察院右副都御史。
奉 / 敕巡撫陝西，大振紀綱，百辟是式。復以公貴，贈祖考、考皆通議大夫、
都察院右副都御史，祖妣、妣皆淑人。 / 甲辰， / 召為兵部右侍郎。少選，
轉左侍郎。尋改南京刑部左侍郎。弘治庚戌，自都憲左右侍郎通九載給由，
累章 / 乞致休， / 命陞正二品俸。公久歷宦途，心倦扵勤，既不獲 / 請，乃
上疏還鄉祭掃。既抵家，復抗章乞休政。蒙 / 旨褒允，進階資善大夫，休閑
扵家。壬子，逾七十，遇例，復進散官一階。優游林泉，日以琴書詩酒為樂。
己未 / 春朔旦，衣冠遍叩鄉之士大夫門，若有訣別意。二月十七日，忽疾作。

三月三十日己丑三鼓，斃扵正寢，享年七十七歲。公生扵永樂二十年癸卯十二月初二日。以是年六月十八日葬于考塋之左。／配瀋陽衛指揮周鑑叔霖女，有賢德，封淑人。子二人：長壽，好學，中山西甲午鄉試，娶宋氏，僉事賓之／姪女；次富，太學生，娶吳氏，曹州州判璿之女。二子俱蚤卒。孫一人，名忠，壽之冢子也，娶宿州州判王／致之女，充邑庠廩膳生。曾孫一人。嗚呼！公形貌嚴肅，美鬚髯，毅然有不可犯之色，就之則溫如也。潞／州知州馬曒恒承公之教，故治政得古良吏體，皆公之力也。曒不忍忘公之德，具行狀請予為墓誌／文。予與公斯文之交最稔，義不可辭，乃按狀紀其大畧云，復為銘。銘曰：／

　公之生兮，鍾山川之秀兮。公之文章，菽粟布帛兮。公之政事，為／昭代第一兮。／朝廷遇公，若魚水之相得兮。公之忠義，與日月争輝兮。公之出處，始終無愧兮。／享壽殆八袠，世亦罕有兮。以疾順没兮，又何憾為。安歸窀穸兮，千秋是期。

　據自藏拓片錄文。

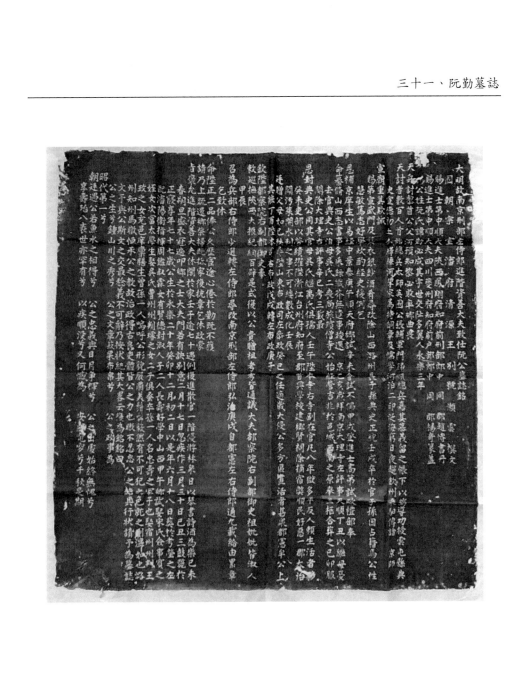

三十二、山陰端裕王朱仕𡑡壙誌　弘治十七年（1504）十月二十七日

額篆書二行：山陰端裕／王壙誌文

山陰端裕王壙誌文／

王諱仕𡑡，乃山陰康惠王之子，母林氏，景泰七年二／月十八日生。成化六年五月初一日，封為山陰王。弘／治十六年十一月二十一日，以疾薨，享年四十八歲。／妃李氏。子二：長成鍪，夫人張氏；次成鑒，封鎮國將軍，配／盧氏，封夫人。女三：長澄邁縣主，配儀賓薛繼賢；次鄉寧縣主，配儀賓孟繼儒；次石泉縣主，配儀賓楊繼哲。／上聞訃，輟視朝一日，遣官諭祭，諡曰「端裕」。特命有司治喪／葬如制，／東宮及文武官皆致祭焉。弘治十七年十月二十七日，／葬扵呂阪之原。嗚呼！／王以宗室之親，為國藩輔，茂膺封爵，貴富兼隆。茲以令／終，夫復何憾。爰述其槩，納諸幽壙，永垂不朽云。

山陰端裕王壙誌文
王諱仕𡎰乃山陰原惠王之子母林氏景泰七年二
月十八日生成化六年五月初一日封為山陰王弘
治十六年十一月二十一日以疾薨享年四十八歲
妃李氏子三長成鑒奉夫人張氏次成鍪封鎮國將軍配
盧氏封夫人女三長澄邁縣主配儀賓薛繼賢次鄉
寧縣主配儀賓孟繼儒次石泉縣主配儀賓楊維哲
上聞訃報視朝一日遣官諭祭諡曰端裕特命有司治喪
奠如制
東宮及文武官皆致祭焉弘治十七年十月二十七日
葬於呂坂之原鳴呼
王以宗室之親為國藩輔茂膺封爵貴富薰隆茲以令
終夫復何憾爰述其槩納諸幽壙用垂不朽云

三十三、山陰端裕王朱仕坬墓誌　弘治十七年（1504）十二月四日

額篆書二行：大明山陰 / 王墓誌銘

大明山陰王墓誌銘 /

王諱仕坬，/ 太祖高皇帝之曾孫，/ 代簡王之孫，/ 山陰康惠王之子也。始 / 高皇帝尊王諸子，以填撫四海。而 / 簡王實封拎代，享有枭乾之地，未及百年，支裔繁盛。大同為山西北境，控制突厥，/ 朝廷常以大將統虎士屯戍其間，供億悉出內地，轉輸良苦。天順五年，/ 英宗睿皇帝思变通之道，乃徙代邸諸郡王拎腹裏，以省馈餫。由是，懷仁王徙霍州，靈丘王徙絳州，定安王徙忻州，宣寧、隰川兩王徙澤 / 州，而山陰及襄垣兩王徙蒲州。是時，王從康惠王自代來，甫六歲。及長，事康惠王及元妃羅氏、母夫人林氏承顏順志，克盡子道。且 / 天資聰睿，博通群書，至《易》與《太極圖說》，尤玩索無斁。兼邃文藝，律琯琴調繪事筭術，咸臻其妙。禮賢下士，如恐不及。所居宮室，僅蔽 / 風雨。閒居，衣惟布素，食惟常品。出入導從簡寡，人不知為王者。或誤犯之，亦不與校。虜崇高之位，居富貴之地，澹然無欲，人以為難。/ 王生拎景泰丙子二月十八日，薨拎弘治癸亥十一月二十一日，得年四十八歲。訃聞，/ 上輟視朝一日，遣官諭祭山陰端裕王，勅有司治喪葬如制，/ 東宮及文武臣皆致祭焉。妃李氏先王薨。子男二：長成鋆，宜嗣王封者，配張氏，宜正妃位者；次成鑒，封鎮國將軍，配盧氏，封夫人。女三：/ 長澄邁縣主，儀賓薛繼賢；次鄉寧縣主，儀賓孟繼儒；次石泉縣主，儀賓楊繼哲。嗣王將以弘治甲子十二月初四日奉柩合葬拎三 / 張里先妃之塋。以鴻儒沿牒山西，往來河中，受王顧最深，而知王行頗悉。廼遣使實教授劉道濟所撰行狀一通，見委以幽墟之刻。/ 鴻儒雖不善文，顧拎情有不可辭者，謹再拜而為之銘曰：/

拎赫 / 太祖，既訖武功。列藩樹屏，為磐石宗。代邸就封，雲朔之野。地當北門，控綏夷夏。金枝日繁，玄甲復多。轉輸孔庶，/ 民棘奈何。懿我 / 英宗，變通盡利。諸是郡王，詔移內地。皇皇康惠，始来河中。王嗣厥統，式固乃邦。左圖右書，朝師夕傅。如玉如金，/ 惟王之度。易有太極，五經之原。潛心玩索，忘晨與昏。餘力剩時，載游于藝。琴律繪筭，咸造其至。鉅公名士，/ 一見蓋傾。布衣陋室，無異儒生。凡今之人，麥贏十斛。怒馬鮮衣，馳騁坊曲。王時出入，誰何甚稀。或觸其導，/ 笑而遣之。百年之中，宗英幾

見。兩漢之隆，寥寥二獻。遺音未絕，世有哲王。非如昔者，人琴俱亡。松耶栢耶，／三張之里。後千百年，視此石矣。／

山西等處提刑按察司副使南陽王鴻儒撰。

三十四、張紫熙暨妻康氏合葬墓誌　　弘治十八年（1505）十月九日

墓誌正面

考諱紫熙，字煙凝，乳寬行，自曰仁公之子。生于永／樂十年壬辰正月初三子時，卒于弘治三年庚／戌六月十三未時，享七十八壽。／

妣康氏，謚慈裕，乳珍，龍邑烏礁溪墝社次韓公長女。／生于永樂十五年丁酉二月十六丑時，卒于弘治十／七年甲子三月初二申時，享八十七壽。／

男張宏琦、瓚全立誌。

墓誌背面

額正書：皇明

弘治乙丑年十月初九日卯時，合塋／在本山掃箒崙下土名坑內浦，／坐巽向乾，兼乙亥。／地師曾九如點佐。

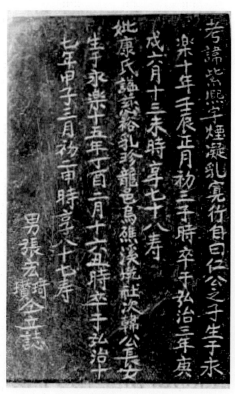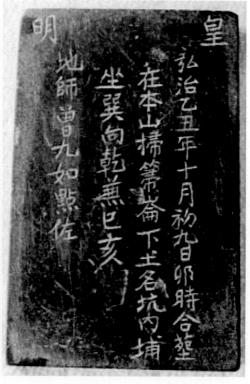

三十五、劉分貞墓誌　弘治十八年（1505）十二月二十八日

額篆書：故徐母劉氏墓銘

明故徐母劉氏墓誌銘 /
鄉貢進士、修職佐郎、南京國子監助教鄒鑑撰并書。 /
賜進士第、文林郎、廣東道監察御史荷溪陳威篆蓋。 /

弘治甲子，臨川北鄉潼溪徐母劉氏卒，將葬。哀子霈奉狀踵門泣曰：「吾 / 母棄背，罔極之恩，弗以能報，不肖之罪莫大焉。今葬有期，恐先德湮沒。 / 敢丐先生一言以銘諸墓，庶可垂久遠而不磨也。」予與霈表姻姪也，慨 / 孺人之不作，感孝子之至情，予不銘，其誰銘？按狀，孺人名分貞，姓劉，屢 / 世窘族。成化年間，任福建等處提刑按察司僉事劉子肅，孺人祖也。富 / 壓鄉邦、崇尚禮節劉傑鳳，孺人父也。母氏，揭學士女孫也。生孺人於成 / 化癸巳八月初十日子時，性柔順，志專靜。自幼遵姆訓，簡言語，不妄笑， / 閑女德，勤紡績。有暇輒觀女傳，頗識大義，父母甚鍾愛之。既長，擇良 配， / 得邑之孺子後裔、望族徐君道昭而歸焉。奉舅姑如事父母，色養夔夔， / 舅姑安之，甘旨無違，孝敬極矣。待姒娌，任勞苦，以身先之。相夫子，理 財 / 重義。德行感於人，眾心所懷之。平生為人，歷歷可紀如此。一日，忽 疾，瞑 / 目善終，莫非命也。歿於弘治甲子正月二十四日戌時，享年三十有 二。 / 生男二：長曰霈，締新畬吳緝敬女孫也；幼曰賤妹，未締。卒後二年 乙丑 / 十二月二十八日辰時，奉柩葬于本都墩頭龍岡之陽，坐艮向坤，兼丑 / 未三分，從吉兆也。嗚呼！孺人淑德，儀範閨壼，令人齒頰以生香。今已 逝 / 矣，誰不感傷。是其銘，銘曰： /

孺人之生兮，窘門令族。孺人之德兮，良金羡玉。 / 相夫克勤兮，家道 殷睦。三十二年兮，壽何神速。 / 卜葬牛眠兮，山青水綠。福庇後人兮，榮 享爵祿。 / 我銘其銘兮，文光煥燭。穸碑屹立兮，永昭岡曲。 /

大明弘治拾捌年歲次乙丑冬十二月二十八日，哀子徐霈泣血立石。

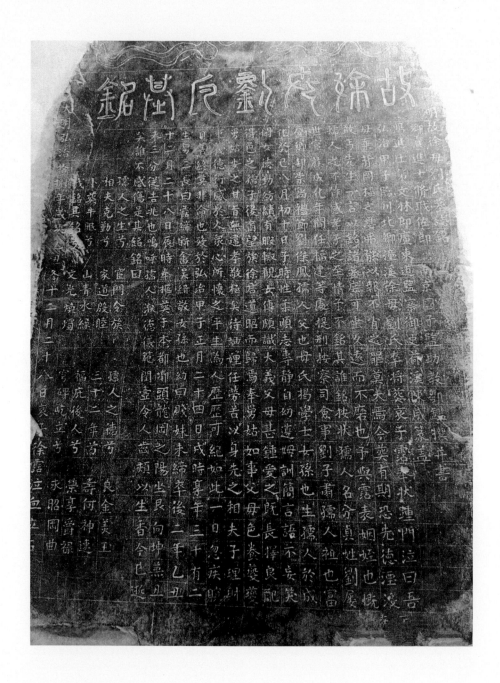

三十六、雍靖王朱祐樀壙誌　　正德二年（1507）八月二十六日

雍靖王壙誌／

王諱祐樀，／憲宗皇帝第六子，母貴妃邵氏。生扵成化十七年六月初三日，二／十三年七月十一日冊封為雍王。弘治十二年八月十二日，／之國湖廣衡州府。正德二年正月初五日以疾薨，享年二十／有七。上聞訃哀悼，輟視朝三日，遣官諭祭，謚曰「靖」，命有司治喪葬如禮。／太皇太后、／皇太后、／英廟皇妃、／憲廟皇妃、／中宮、／母妃、／親王、／公主皆遣祭。妃吳氏，錦衣衛指揮使吳玉次女。／上重念王乏嗣，不忍遐棄。特遣內臣奉迎靈柩，歸葬于京城之西／山，妃及宮官亦居扵京。其葬實正德二年八月二十六日也。／嗚呼！／王為／帝室至親，分封大國。為人孝友溫恭，雅好學問。宜膺壽祉，光隆藩／輔。而之國未久，遽爾薨逝，其命也夫。然得／上之眷念，還葬京師，靈爽有憑，而時祀弗絕，亦無憾矣。敬述大槩，／納諸幽壙，以昭不朽云。

三十七、鄒旻宗墓誌　正德四年（1509）正月四日

額正書：鄒公必昂內壙記

公諱旻宗，字必昂，行能五，友謙公第四子。／世居宜南塗嶺正街，母楊氏，生於景泰乙／亥十一月初九申時。娶本隅汪氏，生男二：長竑，正魁；次矼，正模。女二：長金英，適東隅李／昂三；次玉英，適北隅潘显六。婦鄧氏、李氏。／孫曰鏞、曰鏵。公生而神靈，稟性剛直，好善／樂施。積陰德，涉書史。至於陰陽、地理、卦命、／術數，靡不精究。故里中族属咸器重之。自／以介心道人，以別其號。不幸於正德二年／戊辰九月初七，以疾故，享年五十有四。卜／葬仙二都地名施家栟，其地鳳形尾穴，作／坤山艮向，就於正德四年正月初四丁酉／未時下窆。謹勒斯石，以記歲月云耳。所冀／風水利宜，福我後昆於千萬世也。謹內壙。／大明正德四年己巳歲正月初四日丁酉，／孝男鄒竑、鄒矼泣血立石。

三十八、劉杲墓誌　正德八年（1513）十月三日

明故虜士劉公墓誌銘 /

閿鄉縣儒學教諭崔譽撰。 /

江□縣儒學訓導王鎬篆。 /

太學生同邑商珎書。 /

公諱杲，字景陽，始祖山東濟南人，為元崇光殿左護衛將軍，卒。曾祖長，洪 / 武初，因兵亂，徙家河南，遂占籍為洛陽人。生錦，錦生海，海生三子：曰紀；曰 / 源；曰鑑。景陽，紀之子也。性淳雅，尚德業。嘗以先世為元顯官，而有幹蠱之 / 志。雖未能博洽經史，而義利之間，甚有分別。四世以來，皆務耕鑿，不趨市 / 利。初娶郝氏，幾半載，得鼠瘺惡疾，延蔓周體，姑欲遣之。公曰：「郝以無疾来， / 今厭棄之，將安歸？非君子可為也。」又數載，郝氏没，終無悔恨意，母亦憐之。 / 知公之賢於他人也。繼娶張氏。弘治乙丑，會天雨大作，山谷之水橫流平 / 野。居民屋堵塌然崩壞，公亦被溺，意不自生。至蔡園頭，偶遇一童子順流 / 而下，與水浮沉，幾絕。公徃救之，得桑林平原之高処，俱得不死。然於危急 / 之際，存心如此，他可知也。正德癸酉，公召諸子集於庭曰：「吾平生以勤儉 / 克家，蓄有厚產。汝等皆成立，可以異爨別居也。」諸昆季相向泣下，公曰：「令 / 汝異產，非吾意也。正欲觀尔等之志能如此，吾復何慮邪。」遂作絕句以示 / 之，使相警省，如今日可也。又以四世無發身於儒者，嘗以詩勉之，每曰：「兒 / 子能讀書取進，吾瞑目於地下，足矣。」公生於景太庚午十月二十三日，卒於 / 正德癸酉八月十九日，享年六十有四。生五子，皆張氏所出。長曰宗，娶 / 李氏；次曰寰，娶潘氏；次曰寅，娶陳氏；次曰實，娶武氏；次曰賓，娶張氏。女二： / 巽女曰玉潤，適縣學增廣生員趙文魁；離女曰玉溫，適護衛指揮李綸次 / 男李洲。孫男五：曰廉；曰慶；曰庶；曰庚；曰序。孫女四：長曰桂香；次曰淑秀、玉 / 香、秋香。俱幼。正德癸酉十月三日，歸葬於新塋。子輩泣血欲銘于不朽，是 / 以銘之。 /

上世威武，享有大禄。兵亂遷家，河南之屬。 / 公以純德，壽考多福。子孫是繁，號曰望族。 / 丘隴面荒，山川清淑。永閉泉鄉，不速陵谷。 /

閔敬鑴。

據自藏拓片錄文。

明故處士劉公墓誌銘

邑庠生 儒學訓導 崔　　論
賜進士　洪　　　撰
　　　　　王　珍　篆蓋
　　　　　　　　　書丹

公諱杲，字學瞻，京陽人。始祖山東濟南人。為元崇先殿左護衛將軍，平曾祖長洪，祖家河南澧陽。人世以錦為生。海生三子，曰紀。父雅尚德業，營先世以元顯，官而不趨世市，曰長。

公性沉博，洽經史子而義利不計，有分別。四世以來皆以山谷之公，曰郁耕，亦無疾。得張氏，弘治乙丑會天雨大作，山谷之水橫流，遇一童子，亦無悼息。

公少從林平原之高處，偶得遇，不死然於勤，漏平之素以日令，僉倦以順流。

志厥素，水屋，心發半戴得。繼娶張氏，延壽變同體姑，歿遺無悔恨意。

今公廠民與賢，此沉幾絕，公住正德，此他可知。

子能讀書相驚，而進吾眠目矣，又以四世無後，身歿於景泰午十一月二十三日之。詩遂作絕句每日以勤示兒。

之汝兒際之而對居吾，使相畫人進吾眠目。

正德癸，李氏次曰，妻潘氏次曰玉潤，適縣學增廣生員趙文魁。女曰桂香次，女曰序溱。

其女曰玉潤，適縣學增廣生員趙文魁。男五曰庶曰慶曰正德癸酉十月三日歸葬於葦涇血狄銘于石。

享年六十有四，生五十有七，曾於景泰午十一月二十三日之。公生於景泰午張氏之所出，長曰賀婁張氏，長李綸女次，娶王次曰汪適謨衛指揮張氏，次女曰王溫適謨衛次女曰桂香次女曰序溱。

世威武德公以純德，字有大祿，壽考多福。山川清淑，永閱泉鄉。六龍選家，河南之屬。

以銘之銘曰：
立龍向荒
不淑芳王
示淑芳王

公以純德，不述陵谷。

三十九、鄭細姑墓誌　正德十年（1515）十月二十日

額篆書五行：故鎦／母孺／人鄭／氏墓／誌銘

賜進士、奉直大夫、刑部員外郎邑人江玨撰并書。／

承德郎、荊州府通判致仕同邑王綸篆蓋。／

孺人諱細姑，姓鄭氏，金邑之公塘人。故處士民德之女，前營山簿宗／政君之孫，邑著姓品塘劉邦文之妻也。孺人性慈惠，自幼閑礼教，勤／女工。年十九于歸，母胡氏送之西階，訓戒甚至。劉乃邑右族，實墨莊／傳，業儒世宦。邦文，其蜀彭教諭之次子也。孺人歸劉，克盡婦道，閨／門雍肅，事罔悖礼。弘治己未秋，邦文寢疾，揆不起，顧謂孺人曰：「若不／育，妾弓氏生孩，甫周祀。今疾如斯，命也。胤子案幼弱，家門之託，在尔／一婦人耳。」孺人掩泣不能對。明日，邦文卒。哀慟迫切，幾不欲生。祭葬／如礼，撫其孤猶己出。專屋而居，礼容秩然。日用首需之物，皆親理之。／歲租之入，積至殷厚。澹泊自居，纖粟不妄費焉。恒曰：「俾良人瞑目黄／泉下。」案甫成童，擇師以教之，擇女以配之。族姻鄉里咸稱其賢淑。享／年六十有五，以疾終于正寢，正德乙亥十月十七日也。子一人，即案，／娶蒲塘徐。卜以卒之後三日，奉柩葬于三十四都南源祖山之陽，其／地首子趾午兼壬。案以厥叔相知於予，狀来乞銘曰：

於戲！慈惠辛／勤兮，母婦之道。貞行潔脩兮，氷栢之操。土厚水深兮，牛眠之嶼。式穀／尔後兮，惟善之報。後百千禩兮，吾銘以告。／

皇明正德十年十月癸酉日，孤哀子案泣血立石。

四十、文天祥二女墓銘　正德十一年（1516）四月

額篆書：宋故丞相文信公二女墓銘

宋故丞相文信公二女墓銘／

鄉貢進士、文林郎、知河源縣事莆田耐軒鄭敬道自脩譔文。／

鄉進士邑人豐江謝宜良翰篆額書丹。／

鄭子承乏河源既數月，幽探古躅，鄉進士謝君良翰為言宋丞相文信公／二女墓在忠信都之三角村仙女橋側。蓋良翰家世別墅在是，其祖父小／山輩往來久且熟，得信傳於故老之口。按公集杜詩二女章云：「丙子，定娘、／壽娘以病死於河源之三角。」母章云：「大夫人自虜難後，弟璧奉侍赴惠州，／弟璋從焉。已而之廣之循之梅，余來梅，母子兄弟始相見。」又按《續通鑒綱目》：「宋丙子／景炎元年冬拾月，文天祥帥師次于汀州。」用是觀之，當元兵入閩廣時，／惠、循、梅則公母、弟寓焉，汀則公師臨焉。河源為惠屬，與循、梅、汀接壤。二女之死，／豈公次汀日，奔侍父養而道經於此耶？抑公勑君所携而於寓於此／耶？墓在邑境，有足徵矣。嗚呼！文山當宋社既屋之秋，死不負於國，二女當／兵燹流離之際死不忝所生。父之名與天無極，女之名與父同芳。忠臣孝／子，是大有関於名教者也。廼脩葺其墓而為之銘，銘曰：／

宋景炎，歲丙子。帝播遷，國委靡。文丞相，冒艱虞。舉義旗，奮忠謨。姝二女，諱／定壽。流離中，骸骨瘦。河源境，三角鄉。疾弗藥，倏云亡。蒐飄飄，一抔土。寄荒／山，泣風雨。集杜詩，語非誣。仙女橋，名不孤。父死忠，子死孝，億萬年，扶名教。／

大明正德拾壹年歲次丙子孟夏之吉鐫，邑耆謝宜民董脩。

宋故丞相文信公二女墓銘

鄉進士文林郎知河源縣事莆田耐軒鄭敬道自僣俗朝邑丹父文

二女墓在河源𪩘數之三角村仙女橋側盖良翰為言宋丞相文信公

鄭子承乏河源僦居數月幽女橋之口按公集杜詩別二女云身世別墅在是其祖父小

壽璋從元年冬拾月幽𡨚為文天祥帥師經於此耶柳為公勅君所携而於𡨚於一女當

山羣往來父死於河源傳於故老云章次于兄第自為難後第元兵時二女時宋丙

二女墓在河源𪩘數之三角村仙女橋側盖良翰為言宋丞相文信公

子景炎則公次汀母第寓為文天祥道經於此耶柳為公勅君所携而於寃於一女

惠循梅皆有足微矣嗚呼文山當宋社𡨚屋之秋死女之名與父同芳惠臣孝

之死在邑境之際有死不恭所生父之名與天無極女之名與父同芳惠臣孝

兵燹流離於名教者也委靡葺其墓而為之銘銘曰

于是大歲丙子帝播遷國委靡葺其墓而為之銘銘曰

宋景炎歲丙子帝播遷國委靡葺其墓而為之銘義旗奮忠謨姝二女歸

定壽㡊流離中散骨瘦河源境三角鄉疾弗藥修云亡寃舉義旗奮忠謨姝二女歸

山泣風雨集杜詩語非誣仙女橋名不孤父死忠子死孝 邑耆湖宜民事偹

大明正德拾壹年歲次丙子孟夏之吉鐫 億萬年垂芳名敎

四十一、文天祥二女墓記　正德十一年（1516）九月九日

額篆書三行：文山弍女墓記

文山二女墓記 /

趙宋籙訖時，則有信國文文山公力圖恢復，百折不撓。易世以來愛慕欽崇，遒其遺跡，護而彰之， / 斯人心之公也。按景炎元年十月，公帥師至汀州。十一月，宋帝次潮州。明年正月，帝在惠州。甲子， / 門公奔漳州。是歲八月，李恒追公及于贛之空阬，公之夫人與二子二女皆被執，公與一子奔循 / 州，而家人送拎燕，史之所載如此。今河源有三角村，村有荒冢，家外有橋曰「仙女橋」，鄉進士謝宜 / 申別業在其側。進士常聞其祖為墓，鄉人知二女之葬，橋亦因以名也。乃復考諸文山詩史 / 云：「丙子，定娘、壽娘以病死于河源之三角。」有《集杜詩兩韻》以哀之，乃知二女之卒，蓋在是年之冬， / 而其後被執没拎燕者又二女也。拎是益信其墓為文女死義之所，稍為除治，亦有言以志之矣。 / 正德乙亥，予行部至惠，進士具墓事顛末。因邑令鄭敬道請記拎隧以示來者，因令之勤加以封 / 植，而書歸俾以刻之。夫人生兩間，守身治事，其為道必有至焉者矣。為臣而忠，為子而孝，忠以徇 / 國，孝以從父，死而後已，此事之至者也。為家者以前烈聲迹相及，罄吾力以扶衛顯暴之。為吏者 / 以表忠孝、勸眾庶、成人羙為務，亦事之至者也。故凡舉其至者而為之，則雖億兆人之眾，千百世 / 之遠，無不同者。茲墓之重拎人而不没也審矣。然道之在人，易地皆然。是時也，使文公為子，則亦 / 從父之孝；使二女為臣，則亦徇國之忠也。今吾人為家與吏當若是，使為臣也不若是忠，為子也 / 不若是孝，可乎哉？此予與進士、與凡吏士民庶之所當鑒而勉焉者也，拎乎使皆能鑒而勉焉。以 / 若是也，謂非文公父子之所感發興起乎哉！拎乎文公父子亦不幸罹變，然爾其幸而處常於善 / 俗，抑必有可觀者矣。吾人獨不樂遇其常而故為是奇變乎哉！亦曰道之在人，易地皆然也！ /

正德丙子重陽日， / 賜進士出身、廣東按察司僉事江陰黃昭記。 /

知縣莆田鄭敬道立石，訓導龍溪徐殷服書。

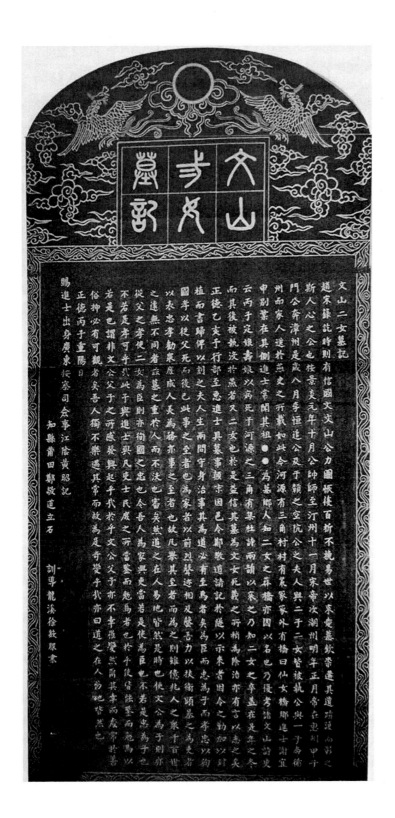

四十二、史章墓誌　正德十二年（1517）十二月十九日

明故□□□□□□□□□□諭史文煥墓誌／

賜同□□□□□□□□國史檢討、經筵講官鄠杜王九思撰。／

賜進士□□□□□□□國史修撰、經筵講官武功康海書。／

賜進士及□□□翰林院國史修撰、經筵講官高陵呂柟篆。／

文煥在高平，既抱病損食，體貌非故矣。乃丁丑春，當會試禮部，冬月寒甚，治／裝努力北上。及試不第，憤恚，食益損。惟幸酒自鮮，病乃益甚。比歸高平，不／久卒，學官及諸子弟會哭甚哀。縣令寶坻劉君經來會哭數日，躬視殯殮，厚賻之。其壻咸陽縣學生張崇德聞訃，乃往歸櫬。歸櫬之日，劉君與學官、弟子／又走送哭，若昆季骨肉之戚。君子曰：「劉君之仁厚，非今世有也。」然亦由是／覘知文煥云。文煥諱章，字文煥，咸陽人也。家去終南四十里相直，故自謂「□／山」。曾祖彬，祖連，父芳，皆隱為農。文煥奮起讀書，為縣學弟子，受《毛詩》。不幸，蚤／失怙，獨與母張夫人及兩少弟漠略以居，用常苦之。乃肆于學，獲其廩以充，／其後文益有名。予時為鄠學生與識，謂不久舉進士，居要路。然為諸生二十／餘年，年三十九始鄉舉，其仕亦止若此。又不幸卒，所謂天者不識，其何說也！／文煥之舉，以正德丁卯。其明年戊辰，授山西絳縣教諭，在絳一年，以張夫人／之喪歸。及復起，在高平五年。其教訓諸弟子，不徒攻文考業，一以行誼身導／之，故絳、高平咸敬仰弗忘。縣令劉君嘗薦之當道，當道者亦以為可擢用，不／宜困屈下僚，然竟若此。文煥奉母孝，視兩弟甚愛，每每割俸金畀之。雖析處，／情則流洽，怡怡如也。蓋其為人外樸中慧，平居恂恂若愚。至義所激發，烈烈／英英，百金弗惜也。葬母夫人時，族五世俱在淺土，于是買地舉葬。曰：「吾祖累／世之積在我，我何可不報乎。」張崇德幼負美質，文煥見而奇之，許妻以女，□／不責其財。崇德從吾游，至是，叙述其世行，請銘不朽。且言：「櫬歸咸陽時，親故／郊逆者五六百，多至泣下，行道歎息。」于是又知文煥之善于鄉也。文煥卒正／德丁丑九月初三日，距生成化己丑正月二十三日，壽四十九歲。配張氏，生／男子四人：秉忠、秉直、秉正、秉良。女子三人：長適張崇德；次許竇一貫；又次許／谷維坤。孫女子一人，尚幼。卜以卒之年十二月十九日葬渭水之陽，銘曰：／

蓄之其淵，發之其慳，飲之其遄。吁嗟！文煥而胡其然。

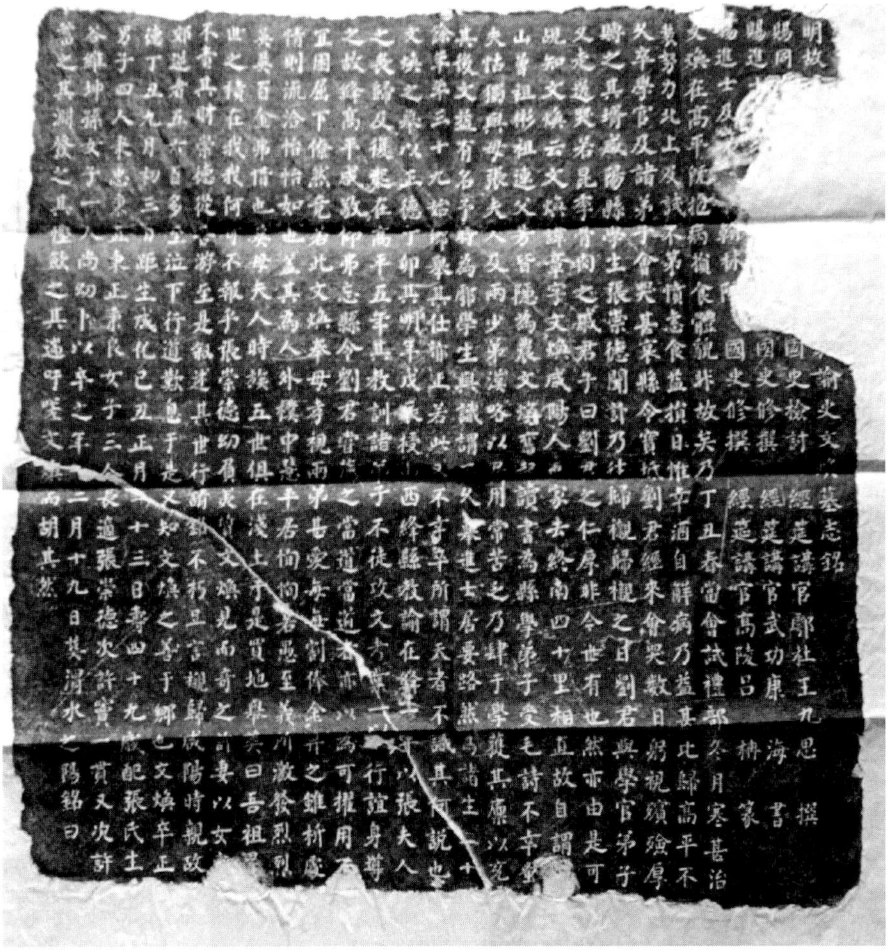

四十三、鎮國中尉朱旭柊誥命　正德十三年（1518）三月七日

額篆書：奉天誥命

奉／天承運，／皇帝制曰：朕惟／太祖高皇帝之制，奉國將軍之子／必封鎮國中尉。所以敦族屬之義，篤親愛之道也。尔鎮國／中尉旭柊乃／樂平定肅王之玄孫，奉國將軍／偕㴐嫡長子。年已長成，今特封為鎮國中尉，錫之誥命。尔／尚益戀忠勤，惟禮是循，毋驕毋怠，尔惟欽哉！／

正德十三年三月初七日。

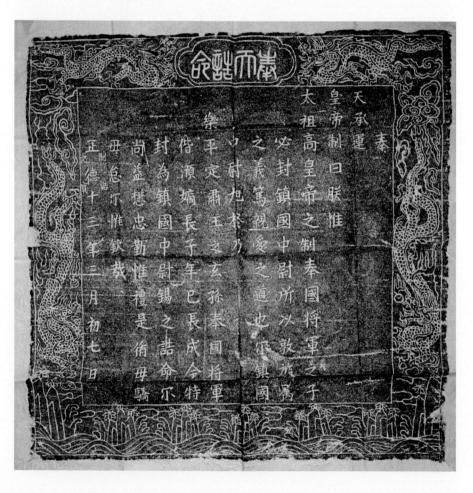

四十四、鄒錦地券　　正德十三年（1518）十月三十日

　　江西府南縣東隅奉親／坊前街義井下居立券孝男曾／俸，伏念故妣鄒氏錦孺人生扵／成化庚寅年五月二十五日子／時。生男俸，娶姜氏，孫萬福、萬祿、／萬壽。妣扵正德庚午八月三十／日申時卒，卜塟于三十六都楊／梅下保山內，正作甲山庚向。其／地山環水遶，地勢吉昌。東至甲／乙，南至丙丁，西至庚辛，北至壬／癸。中央一穴，便是亡人安寢。蔭庇子孫，呉旺萬代，冨貴永遠。吉／兆謹券。／

　　大明正德十三年歲次戊寅十／月丁夘朔越三十日丙申立。

四十五、王宝壙誌　正德十五年（1520）十二月二十五日

明故頤庵府君壙誌 /

府君姓王氏，諱宝，字文璽，行明十七，別號頤庵，世為 / 王橋人。曾祖諱堅，祖諱協，父諱綏，母黃氏。生府君於 / 正统丁卯十二月十三日，卒於正德庚午十一月三 / 十日，享年六十四。配李氏，子男三：長黼，緣例義官；次 / 壖；次篾，邑庠生，先府君卒。女一，適坡南周廷泰。孫男 / 八：炯光、旭光、化光、生光、容光、瑞光、煥光、永光。今於正 / 德庚辰十二月廿五日，奉柩葬于本鄉紆奧。謹摭大畧，識其壙石。其行狀誌銘之詳，已丏邑庠士陳彥生、□進士蔡芳撰，孤子黼泣血謹書。

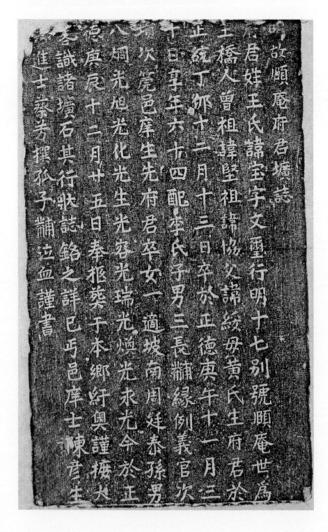

四十六、黃氏壙誌　　正德十五年（1520）十二月二十五日

　　先室姓黃氏，世為亀山人。父／諱□雲，母周氏，生室于成化／壬寅十一月廿五日。年十八，／歸于我。不幸于正德甲戌四／月十三日卒，享年三十有四。／子男三：炯光、旭光、化光。女二：／婉、娩，尚幼。継室繆氏，子男二：／煥光、永光。今于正德庚辰臘／月廿五日，奉枢塋于本郷紆／奧先塋之左。庸書大略于壙／石，夫義官王黼謹誌。

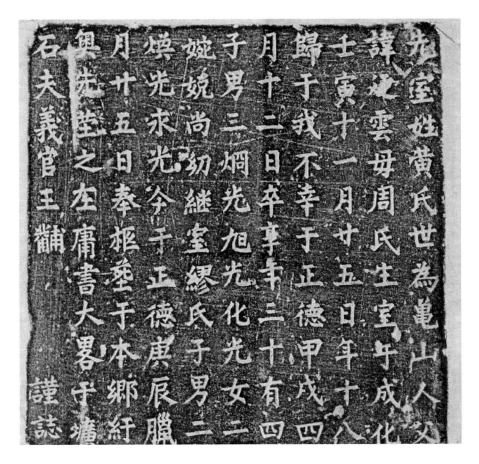

四十七、鉅野王淑人王氏壙誌　嘉靖元年（1522）二月二十五日

　　大明魯藩鉅野王府六奉國淑人王氏壙誌銘／

　　夫淑人王氏，世乃古兗人。父諱沂，先任直隸真定府／同知，歷陞永年府知府。淑人天性醇厚，閨門不履。習／於姆訓，動止安然。勤於女紅，外不粧點。既而選配奉／國將軍健脩，於正德十三年四月初五日授／封淑人，本年六月二十六日遂配焉。既歸之後，克孝舅姑，／順相夫道。仁慈施內，懿德著外。敬以事上，仁以御下。／上下周旋，各得其宜。庚辰仲春，忽因遘疾，終於正寢。／訃聞，／朝廷賜祭治塋，以循舊典。謹按，淑人生於弘治甲子十月初六日，／享年一十有七。擇於嘉靖壬午二月二十五日塟於／魯城東地名果庄之原。嗚呼！天之生人，有生必有死，／然死者人之所必有。今淑人壽不及二旬，天不假年／而終，何其壽之夭耶！享年一十有七，天不加佑而亡，／又何其命之短耶！既狀其事，復為之銘。銘曰：／

　　嗟爾淑人，出自名門。端莊静一，芝蘭之馨。／選配王室，克孝克勤。相夫伉儷，如鼓瑟琴。／何其天厭，十有七春。名垂斯世，今古傳聞。／

　　賜進士出身、陝西右布政使曲阜臧麟撰。／

　　萬全都司龍門衛經歷曲阜韓韶書。／

　　嘉靖元年二月二十五日瘞石。

四十八、鄭陽墓誌　嘉靖二年（1523）十月十七日

誌蓋篆書五行：明故都察／院右副都／御史訓練／陝西地方／鄭公之墓

明故通議大夫、都察院右副都御史鄭君墓誌銘／

光禄大夫、柱國、少保、兼太子太保、吏部尚書、侍／經筵官、前南京兵部尚書、糸贊機務太原喬宇撰。／

正議大夫、資治尹、户部左侍郎、前奉／勅巡撫山東寧夏等處地方、都察院右副都御史任丘邊憲書。／

嘉議大夫、兵部左侍郎、前奉／勅總制陝西三邊軍務、兼都察院左僉都御史大梁李鉞篆。／

嘉靖壬午七月初三日，右副都御史鄭君宗乾卒于家，其弟陞偕子旻持狀来請銘。余與宗乾有姻／戚之懿，且知宗乾為深，奚忍以不文辭。按狀，君姓鄭氏，諱陽，宗乾其字也，別號松崖。上世有諱德隣／者，歷遂州守，因著籍扵遂。遂今廢屬安肅，故世為安肅人。祖諱通，父諱臻，皆以君貴，贈都察院右副／都御史。祖母傅氏，母張氏，俱贈淑人。君剏而儁穎，長力扵問學。弘治己酉，舉京闈。癸丑，上禮部。比／三試，父訃適至。或以已試留君者，君峻拒之，奔喪而歸。丙辰，舉進士。丁巳，授夏津令。莅事嚴明，豪滑／屏息。夏津故俗奢靡而貧，君示以儉約，民寖變。及君之去，邑用大治，按部者屢旌其賢。壬戌，擢監察／御史。乙丑，閱太平諸府馬政。是歲，南畿夏旱，秋大霖雨，水患特甚。君還，亟言于朝曰：「南畿／國家基本，且財賦之出倍扵他省。今歲歉民流，宜施惠，蠲稅弛役，民尚可甦。不宜以緩。」／詔令有司賑卹，如君奏。他所建白，悉中幾宜，時議以為得體。正德丁卯，按河南。有藩府奪民田，民訟之。／官府納賂權姦劉瑾，眾畏之，訟置不決。君至，則以田畀民。瑾怒，械致／詔獄，謫旌德主簿，尋為潛山令。庚午，瑾敗，遷四川僉事。辛未，轉浙江副使。江西盜千餘人剽掠處州界／上，君設方略禦之，盜不敢近。轉湖廣按察使、山東右布政使、山西左布政使。所至，輒著聲績。丁丑，擢／都察院右副都御史，撫治寧夏。先是，邊將黨逆藩倡變，雖旋討平，其軍士經亂益驕。撫臣相繼，一切／以姑息從事。君始變前之為，刑賞以法，所部肅然。改巡撫陝西。戊寅，命理延綏軍餉。時邊郡荐饑，公／私匱竭。君委曲調度，始有儲蓄。冬，／駕幸榆林，供億俱足。／武皇悅，有蟒衣之賜。辛巳，盜起延安，攻劫州縣，賊勢張甚。君督率追捕，不逾時，悉

平之。／今上知君之才，且將大用。而君去志懇，不可留。致仕疏凡七上，始／允其奏。歸未數月，忽以疾終，年纔六十。其子旻請于／朝，詔工部治墳以葬，復賜祭于其家。／恩命煌煌，可以無憾矣。君性行爽朗剛直，臨事善斷，儕輩恒敬服然。愷悌好施予，能趨人之急，族鄰婚／嫁死喪，必有饋遺。友愛昆季，教諸子嚴而有恩。先配高氏，蚤卒，累贈淑人。繼董氏，封淑人。故刑部／尚書、贈太子少保公之孫，四川僉事諱寧之女，余妻夫人之妹。子一，即旻。女二。孫一，曰渭，蔭國子生。／將以明年十月十七日，葬君于遂州南原先塋之次，銘曰：／

儒術之弊，非堪扵吏。載觀扵君，績美有聞。厥初試令，亦若其政。先臺是陟，不回其直。既阨而通，益奮／其躬。曰藩臬之忠，曰疆圉之功。彼用孰究，彼康孰壽。君雖弗如，譽望孔茂。／帝念輔臣，卹典載申。營治以葬，諭祭以文。生榮死哀，恩賚終始。慶廼澤長，嗣衍孫子。南原之岡，若有封堂。／瘞銘考德，百世其藏。

四十九、王清墓誌　嘉靖四年（1525）正月一日

額正書：明故王公廣澄墓銘

賜進士出身、任河南提督學校副使同邑洪範撰。／

處士諱清，字廣澄，王其姓，世居撫之金邑琅琚里。祖自謙，父景申。母／王氏生處士於正統甲子三月二十日申時，賦性聰明，飽諳經史，少／負才智，拔俗庸流。孝以事其二親，敬以事其長上。歷涉世故，勤苦自／甘。商遊湖海之間，靡所不至。兄弟三人，處士居纫。而凡諸奉行，皆以／敬讓為先。撫育兒姪，教以義方。継志述事，作興家道。業益增而事益／辦，光耀前人，實可嘉矣。處士政尔安閑老景，享子孫之榮養，遂忼儼／之深情。胡天不佑，而於嘉靖壬午五月初七日辰時，以疾終于正寝。／嗚呼痛哉！享年七十有九。娶李氏、謝氏，生男三人：長曰李攸，娶黃氏；／次曰昭孫，娶黃氏；纫曰七孫，娶張氏。姪曰細紹，娶王氏。孫男十人：曰／廷茂，娶蕭氏；春苟，娶王氏；廷華、賤猪、孝苟、攸苟、弨苟、廣孫、継同、／献同。孫女四人：曰永姑，適仲湖杨；曰冬姑，適北源徐；雲玉、暹玉。厥孤／卜卒四年乙酉春正月庚申辰時，奉枢安葬于地名譚家嶺，癸山丁／向，從吉卜也。先期，干為埋銘，誼不容拒，遂撮其旨而為銘焉。／銘曰：／

處士之性，端而且直。處士之德，寬而且碩。／壽近八旬，天命殂殖。葬入名山，澤流無極。／

皇明嘉靖乙酉春正月庚申孤子王李攸、昭孫、七孫泣血立石。

五十、周加禧行狀　　嘉靖九年（1530）二月

明故周加禧行狀 /

漆田加禧，吾岳正雍季子也。兄弟五：長祥；/ 二祜；三即禧；四裾；五袿。君娶秋岑肖仁傑 / 女，生女一，簡玉，配廬陵梁潞子。生弘治癸 / 亥，年廿七。平生讀書，凤月居家，邦人所敬 / 信。石溪母旧刘僉憲近光重其才德，随任 / 宦途。去年三月徃楚，没。八月初五，兄祜今 / 年二月犇喪，回家莁周家耆吾岳母刘孺 / 人墓後，丑山未向。痛其乏後，特書其槩，垂 / 諸不朽云。 /

嘉靖九年庚寅二月吉日，姊夫歐陽望書，/ 兄祜、弟裾袿扐淚立石。

五十一、范巨清壙誌　嘉靖九年（1530）九月二十日

額正書六行：明故／查村／後坊／范公／巨清／之壙

生於成化乙酉十一月十三日亥時，享年六／十有五。莊以持己，嚴以治家，義以取財，寬以／得眾。天賜善終，病臥一夕於床，未嘗湯藥，殞／於嘉靖己丑十一月初五日寅時。嘉靖庚寅／九月三十日寅時塋於本里超山王家屋後，／卯山酉向，去家二里。與母陳氏同穴，母居左／畔。前故母玕溪陳氏塋芸里，戌山辰向。／

孝男范澄、范淵、范洸，孝媳聶氏、吳甘氏、徐氏，孝孫范藥、范藝、范芥、范遂、范蔴、茉、芥弟，孫婦萬氏、李氏。／女孫坤英，聘瓘山熊。／

嘉靖九年歲次庚寅九月廿日，／孝男范淵、澄、洸泣血立石。

據自藏拓片錄文。

五十二、皮六娘地券　嘉靖十一年（1532）十二月二十四日

伏以天皇皇，地皇皇，逝故亡者皮氏六娘。前去南山採果藥，忽遇仙人／賜酒嘗。不覺過橋失一跌，回家一夢入黃梁。黃金白銀五伯錠，問／道山家鄔夷王。張李二人同許口，五龍岡上作眠場。東至甲乙青／龍地，南至丙丁朱雀方。西至庚辛申酉位，北至壬癸水中央。四至／分明為界畔，中間盡是我地方。珍珠瑪瑙般般有，隨身衣服一般／裝。櫃中載得千年物，庫中積得萬年糧。借問契書何人寫，白鶴寫／了上天堂。若問契書何人讀，魚龍讀了下長江。如有強神來借問，／將軍處斬不容強。墳前寸土與草木，皆係亡者之封疆。／

天運嘉靖十一年歲在壬辰十二月二十四日丁酉巳時宜良，金雞鳴，玉／犬吠。其地龍形乹亥山，巽巳向。／

立地契人：鄔夷王張堅固、李定度。／

知證人：東王公、西王母。／

見人：歲月今日主保。／

代書人：天上鶴。／

謹依楊曾二大仙師律令，右給付亡者皮氏六娘守墓土地直墓將軍執照。

五十三、鮮氏墓誌　嘉靖十二年（1533）三月二十七日

誌蓋篆書三行：大明故／范母鮮／氏之墓

大明故孺人范母鮮氏墓誌銘／

戊子科鄉進士郡人陳謨撰。／

郡庠生外甥楊应乾書。／

吏部聽選監生郡人何文魁篆。／

孺人姓鮮氏，世系古秦人，故／肅府典膳范先生配也。父諱禄，獨以篤厚德性見稱於鄉。母鄭氏。生孺人年及笄，歸范先生。先生諱鎧，字德彰，剛直而不為流俗／所移，亦傑士也。先孺人卒。按孺人貞順有則，孝于舅姑，敬于夫子。能以克艱起家，以底於富盛。而夫之弟曰鍾泊鍼者，每友愛相孚。一切內外大小咸宜，舉無間言。要之，皆孺人克相之而成／者，其脩守婦道何如也。余以同閭之末，嘗拜瞻懿範，具知孺人／恭儉慈惠之德。乃宜以介眉壽，永履嘉祥，迄今止此，豈天所施／於令母者僅爾也。噫！視世之弗執婦道而惟壽算，不侔矣。生男／二人。長沐寅，義官，取韓氏。幹蠱立家，益振父聲。次淳寅，郡庠生，／取何氏。舉業竟成，亦將高第，以孺人投丸之訓也。生女三：一適／郡人朱世寧；一適王勝，皆先卒；一適／陝西布政司承差王時經，俱名家。孫女二：曰赦賢；曰效賢。尚幼，／沐寅之出也。孺人生於成化壬辰十月二十日卯時，終於嘉靖／癸巳三月十一日酉時，春秋六十有二。即卜於是月二十七日／維良，出葬于城西北鳳凰山之陽，從祖塋也。嗚呼！孺人由始考／終，家教羑于閨門，流澤昌于来裔而多祜。得夫中壽者，雖沒，庶／幾無憾。沐寅輩，余鄉友也。恐孺人德音不白，乃屬余銘諸墓石。／余素非溢美者，故但據其狀以為誌銘焉。銘曰：／

令終有俶，逎婦之英。宅此山之陽兮，求奠佳城。

五十四、左順墓誌　嘉靖十四年（1535）二月二十四日

額篆書五行：明故／鎦母／左淑／人墓／誌銘

宗姪楷撰文并篆額。／

淑人姓左氏，諱順，吳松二翁之息女也。翁壮賈于蜀，／取吳氏。弘治己酉歲六月十二日，生洙人于新津。童／省，翁携帰于家，昕夕奉翁，孝継母胡，屈背而承之，猶／无違女道。是欽吾无間然矣。既而翁无嗣，悼宗祧之／弗傳，遂祇啓于翁，招旴隔山刘珏爲之壻。礼相助奠，／岡弗单厥，恭百如閨門之是承，隣里之事際，事微巨／細，綜之孔有章。奈何，翁卒，夫継殂。瑣尾流離，或以之／莫振。淑人課厥子媳，克家恒自如。識者掄之，真女中／之一丈夫也。自期寡处，迓永天麻。胡一疾是丁，奄忽／弃养，岀嘉靖乙未春二月十有七日也，享季四十七。／子二：長崇慶；刏崇和。女一，曰瑞姑，字里左孔達。長媳／邑北黄。孫男一，黄者，在稚。家之少長，臨喪具致哀。越／七日，厥嗣奉柩葬于王尖嶺西之麓，首亥趾巳，從吉／兆焉。祗請余誌，曰呼笔而為之銘。銘曰：

生本于蜀，／帰歿于宗。女道柔正，母道肅雍。仪則于岀，／宜目之有大丈夫之風。

孤哀子慶和泣血立石。

五十五、吳嵩墓誌　嘉靖十四年（1535）八月十四日

額篆書：明故吳表五府君墓誌

　　府君諱嵩，字德嵩，臨川新豐鄉之南源人也。曾祖積善，妣／朱氏；祖景芳，妣鄭氏；考文昌，妣陳氏。生府君于天順甲申／四月十日子時，兄弟三人，府君居長。為人性度優容，志氣／軒豁。居家勤儉，處事質直，壯遊閩之漳平。仲弟德英協力／經營，以振其家業，而季弟德遠綜理家務，內外惟一。用是，／資產益裕，子姓森然，敦尚詩禮，府君之續也。年既耆，浩然／帰休，優游自適，逾紀年矣。嘉靖甲午九月廿日，一疾卒于／正寢，享年七十有一。厥配朱氏，生男二。長時儀，配鄧氏，生／孫曰良佐、良傅。女孫鑾珍，已議配于徐儀。先府君卒于閩。／次時泰，配熊氏，生孫良能、良儒、良任、良儕、良佺。越歲乙未／八月十四日壬寅未時，卜塋于龍源塘之北山，坐亥向巳，／兼巽三分。用記壙中如此，而且為之銘。銘曰：

　　里有淳人，／肫慤無偽。坦夷自居，孝友篤至。克勤克儉，平易可親。旅懷／其資，業底于成。耆年帰休，田里優游。寿逾古稀，竟疾弗瘳。／龍池之岡，有穴孔臧。于茲帰窆，世吉永昌。／

　　從弟庠生吳德明選書并篆，姪吳鑑錄。

五十六、陳雄墓誌　嘉靖十四年（1535）十二月二十日

大明故處士陳公墓誌銘 /

賜進士第、前都察院右副都御史甥劉文莊撰并書篆。 /

嘉靖癸巳六月十二日，處士陳公以疾卒，時予官汝已逾 / 年矣。其姪鄉學生訓為公具棺，殯殯于中庭，將以次年乙 / 未十二月二十日葬于郡城東固營之陽。乃服衰造莊舍， / 泣血言曰：「□不孝蚤孤，曩非叔父是依，無以有今日教育 / 之恩，父母不是過也。今者訓執喪，敢以誌銘託吾子，用垂 / 永久焉。」粵惟公於莊先母為族弟，於莊為舅氏，遂揮泣□ / 從之，謹摭其行實之著者以為誌。公諱雄，字世威，先世 / 為江西安福人。義行顯著，鄉閭敬式，官惟表其門曰「義門」。 / 成化以來，舉貢登仕者不乏人，故其族以右稱。二世祖子 / 通，始從戎陝西，隸西安護衛。宣德間，革去護衛，更設神武 / 右衛于真定會城。即徙其護衛，人俾領之。于時，公之父諱 / 聚者，寔與焉，故又為真定人。生子三：孟曰源，即訓之父；仲 / 曰浩；其季則公也。公性資淳樸，不嗜浮飾。孝修于父母，敬 / 修於長上，信睦修於宗族、於亲鄰。以至日用常行之際，俛 / 馬惟塗軌是循。夙以賈業起家，執持勤儉，終其身不渝其 / 初。遇鄉之士夫，忻慕雅重，如不及者。用是，俾訓務儒業，補為弟子 / 員，蓋冀其成德成名也。凡訓之師友，以及供助之 / 具，靡不禮敬而力為之，雖煩勞無憚也。其行實可紀者，類 / 如此。公生于天順六年六月初四日，壽七十有一。配李氏，即言之母，於公有閫內之助云。銘曰： /

維公之先，世尚其賢。義德惟行，是法是傳。公克企承，不愧 / 於前。祗奉遺體，時鮮有愆。全而歸之，厥名亦全。有□斯泉， / 有嚴斯江。終焉永安，垂千百年。

明故處士陳公墓誌銘

賜進士第前都察院右都御史陳公場撰并書

五十七、徐文彪墓誌　嘉靖十五年（1536）十二月九日

明故聘君、贈承德郎雙溪貞晦徐先生墓誌銘／

賜進士出身、中憲大夫、都察院僉都御史門人箬溪顧應祥撰。／

賜進士出身、奉議大夫、廣東按察使司僉事餘姚東泉汪克章書丹。／

賜進士出身、奉議大夫、禮部儀制司郎中戚友躍川張文淵篆額。／

明嘉靖丙申六月，貞晦先生卒，予聞位哭。再閱月，其子伊府典膳奎池州通守宜泣書／告葬，期徵銘。予哭曰：「嗚呼！予尚忍銘吾師也乎！」雖然，予自幼學，以至有今日，一惟先生／之賜，而先生亦惟予之知也，然則予又焉忍不銘吾師也乎。先生性敏嗜學，宏肆於文，／錚然有聲場屋。以厥考友山翁搆疾，即棄業歸侍，扶掖左右，未嘗少離。越數年，翁卒，遂／問跡雙溪，有終焉之志，故號曰雙溪先生。正德初，／徵天下賢良之士，郡邑以名辟先生，先生不應，縣令汪度三造廬而強焉。乃不獲已，登／朝。大學士順菴劉公、木齋謝公一見，相賀得人，舘穀延訪。時劉瑾專權，濁亂國紀。先生／陛見，建陳时弊，發其隱匿。瑾見悚恨，下錦衣衛獄，仍蔓罪劉謝二公，以主薦罷職。及朝士／交遊者三十三人，且械發胡漢鎮番衛軍焉。而先生忻然就道，畧無怨尤。及底戍所，倡／明道學，弟子日進。故今登仕籍者，殆數十人。又明年，瑾誅，宥歸。即別盧西山，日事著作，／有《附說》《効鳴》《冷淡》等集以行拎世。捐資為祖廟，以嚴家規；割田為義產，以贍宗族。故子／姓斬斬，畏而知親。以義起鄉市，以情訂鄉約。鄉鄰有貧者、病者、死不能藏者，稱物施之，／罔冀其報。年荒民飢，則粥以活之，不問其人。故千室之鄉，不信于官而信于先生。有爭／不爭，片言乃決。人有不善，恐聞於先生，罔畏于官。及卒之日，远近流涕焉。是皆予之固／知於先生者也，然則予又焉忍不銘吾師也哉！先生姓徐氏，名文彪，字望之。以子宜貴，／贈承德郎。友山翁名本澄，以隱德聞。母劉氏，以賢慈著。配姚氏，封太安人。子男五：長即／子奎，由泮出，授令官；次曰子行，裕身豐家；次即子宜，宦跡肇起；次曰子厚，補國子學生；／季曰子麟，補郡學弟子貟，俱錄用有日。麟出繼弟九溪君後子。女一，適太平尹劉君子／任。孫男七人，曰希周、希文、希孟、希張、希邵、希武、希賢，俱英器未量。孫女二。生拎天順三／年二月二十日，卒於嘉靖十五年六月廿五日。以是年臘月九日，葬於西山之原，從其／志，望先君之塋也。將葬，戚友侍御三峰朱子曰：「賢者違世，古有易名。

先生守正而終，隱／德弗耀，請名之曰貞晦。」僉曰然。銘曰：／

烈哉秦坑，慘矣捲堂。胡為今日，及我賢良。青天心事，／白日文章。誰則知之，蘭史流芳。嗚呼先生，孰云已亡。

五十八、山陰榮靖王朱成鍌墓誌　嘉靖十五年（1536）閏十二月九日

大明山陰榮靖王墓誌銘／

王諱成鍌，號進德齋，我／太祖高皇帝之玄孫也。／高皇帝生簡王，封代王雲中。簡王生康惠，／英宗皇帝時封山陰王，王蒲阪。康惠生端裕。端裕王妃李氏生王，龍顏隆準，鳳目燕頷鐘聲。幼不好弄，寡言及笑。六歲時，母妃薨，祖母玉／夫人鞠之，時序輒哀號不食。十歲，受／勅封為長子。就傅，輒知勉學。成童時，治小學四書諸經制書，通大義。端裕，蒲稱賢王，多才美，琴畫擅名一世，然環視無可授者。王獨心解，／卒得傳焉。端裕嘗患癰疽，王侍湯藥，恒衣不解帶，疽潰以口吮之，每焚香籲天乞代患。端裕薨，王哀毀骨立，水漿不入口者數日。凡／葬祭用，情無弗至焉。正德丙寅，禫成，封王。自是益恭慎，不輕出入。乃于府東暱地構書院蓄書，命諸子隨侍，教學其中。事聞，／上賜名進德書院，璽書獎勵，仍賜官書，辦佐著述焉。王因顏齋曰「進德」，遂為號以自警。凡遇朝賀，務致敬盡禮。凡表箋，必親閱手封以／進。方隅報警，或／聖躬違和，必具疏問安。在蒲，每戢下不奪人侮人。戊子夏旱，王齋沐禱神，獲霖稼成，故蒲民咸德王也。王不昵音聲酒色，閒居惟詩畫／自娛，課子孫為樂，不事華侈章服，外常布服，宮室僅蔽風雨而已。好賢禮士，凡遇賢，必隆禮以待，或詩文繪像以贈，故賢士大夫多／敬王。王生于成化十四年三月二十日，至嘉靖十四年十一月九日遘疾薨，年五十有六。訃聞，／尚輟朝，諭祭，／勅喪葬如制，諡曰「榮靖王」。配妃張氏，貞靜賢淑，先受冊封。又穆氏、張氏，俱誥封夫人，先卒。子男凡一十有三：聰澍，應嗣王，配薛氏，應封妃；／餘九人，俱封鎮國將軍，妻皆封夫人；聰汗，娶王氏，繼田氏、李氏；聰濕，娶楊氏，繼張氏；聰油，娶王氏，繼閻氏；聰泗，娶史氏；聰潯，娶夏氏、／繼孟氏；聰涫，娶王氏；聰瀼，娶劉氏；聰減，娶王氏；聰滯，娶戴氏；其三殤。女五：長郿縣縣主，歸儀賓張汝霖；次獲鹿縣主，歸儀賓張汝靖；／次義寧縣主，歸儀賓張孟儒；二幼。孫男六：俊栅、俊橢、俊枒、俊梓；餘幼。孫女二，幼。嗣王將以嘉靖十五年閏十二月初九日葬王于城／東呂坂里新塋。先期，使人持蒲人劉糸政一正狀來三原問志銘理，是以有述。銘曰：／

蒲有哲王，忠孝不群。厥忠維何，盡禮事君。伊又何如，進德維命。書以顏齋，曰辰與兢。厥孝維何，六歲遠識。／言念慈闈，哀號不食。伊又何如，

為考吮癰。豈徒湯藥，親嘗以供。聲色不邇，恭儉弗渝。朝夕孜孜，詩畫以娛。／見賢為光，肖容以彰。今也則亡，乃垂令名。嘗陽北麓，大河西環。佳城在斯，其無後艱。／

　　賜進士出身、中大夫、光禄寺卿三原馬理拜撰。

五十九、黃氏墓誌　嘉靖十八年（1539）十二月九日

額正書：明故周孺人黃氏墓誌銘

古之女婦，德行最善者，則刻銘扵信史。信史未徧則刻銘／扵野史，野史未徧則刻銘／扵墓石，以示其不朽焉。同邑三／都澤溪周扳桂有母黃氏因疾而卒，衰絰抱狀□踵于門，／泣而告曰：「吾母卜葬有期，敢蘄文以光吾母潛德于地下。」／予辭弗獲，遂按狀実。孺人黃姓，墟市皁之愛女，周君雄之／淑配也。母周氏有淑德，生孺人扵成化丁亥三月初十亥／時。孺人自幼穎敏，克女務，曉書史。笄年，適于鉅族周。躬執／婦道，卓振閨風，主中饋而豐儉適宜，事舅姑而誠敬不替。／相夫以正道，訓子以義方。處娣姒以和，待長幼以礼。誠可／謂女中之堯舜也。正宜坐享天年，□□一疾弗瘳。奄然而／逝，遂卒扵嘉靖十八年十二月初一日，享年七十有三。生／男一人，曰扳桂，行禄六，娶同邑四都吳。女曰羙玉，適十一／都崇峯鄒高廿七，外甥曰安。孫男二人：曰奉；曰明。俱幼，未／配。女孫曰珠玉，在幼。今奉柩葬于本里張家山，其地首亥／趾巳兼乹巽三分。乃山川盤結之所，大吉兆也。遂為之銘，／銘曰：

孺人德行，端一誠莊。才同道蘊，／賢配孟光。厥性纯淑，厥名孔彰。／葬有銘文，幽宮有光。／

嘉靖十八年己亥歲十二月壬申日孝男攀桂泣血拜石。／

賜進士第、中順大夫、督浙江提學副使同邑東石王賨撰。

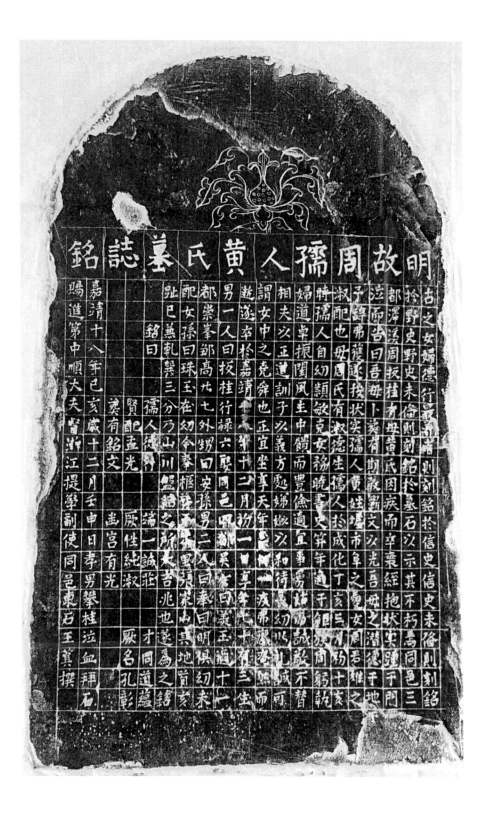

明故周孺人黃氏墓誌銘

嘉靖十八年己亥歲十二月壬申日孝男攀桂泣血拜石
賜進士中順大夫督浙江提學副使同邑東石王冀撰

六十、陳羔暨妻李氏墓誌　嘉靖二十二年（1543）四月十一日

明故散官陳公暨配李氏合塟墓誌銘 /

賜進士第、中順大夫、湖廣按察司副使、前户科左給事中洛陽東穀孫應奎撰。 /

賜進士出身、奉政大夫、四川按察司僉事同邑震軒蔡復元篆。 /

後學同邑西渠張進舉書。 /

此墓塟洛陽陳公與其配李氏者也。按狀，公諱羔，字希賢。先世在勝國時為滁之来安人， / 高皇帝崛起淮甸，公高祖諱世德，挾策仗義從之。值北伐，以戰遂卒於軍中焉。子興繼若翁遺烈，累 / 立戰功，陞大同衛指揮僉事，尋調南陽，再調河南衛，遂世禄於洛。興生子鏞，鏞生清，清生子四： / 長曰本；次曰林；次曰檜；次曰郴。林生子即羔翁也。翁稟性狷介，幼即逸群弗類。及長，授以儒書， / 亦能領解大義。獨以一子，為養親計，乃業賈，往從貿易。利以益取，用以儉裕。市墥細行，不屑為 / 也。無何，翁父林客死於淮。訃至，乃茹哀兼程抵淮，扶柩歸洛。母房悲號，至廢寢食。翁懼，泣慰 / 曰：「父今已矣，母復若此，一旦不測，兒何依乎。」母悟，乃哀以情遣，遂少舒焉。事襄，母子煦煦相安， / 家道漸殷。歷數歲，周旋膝下，母竟以壽終。翁苫塊棺側，凡喪塟大事，悉準家禮，弔者躆之。翁天 / 性不事浮靡，會飲，至有過設者，即不樂，酒數行，輒辭去。其儉素類如此也。且輕貲務施予，惠流 / 窮人，勿少悋也。公年六十，嘗自憤曰：「吾幼失學，以例榮，非吾志也。」乃延洛耆德數人，約曰「逍遙 / 會集」。則每以道義相規，非徒事宴飲而已。至今稱郡之良者，必先公云。公卒於正德丙子四月 / 二十日，享年六十一歲。越二十八載，嘉靖癸卯二月二十七日，孺人李氏以疾始卒，享年八十 / 有四。李氏者，千兵李政女也。生而明潔，婉娩貞慤。歸公，每以弗逮事舅氏，恒歉於心。事姑愛敬 / 備至，姑嘗以老臥病，孺人晨昏侍藥，食弗甘，寢弗安也。居常親操機杼，以相夫之所不及。至於 / 賓祭之需，尤罔弗虔。其待姻族也，終惠且溫。其待諸婦也，廉而有愛。羔每以得賢助自慶也。公 / 卒之日，孺人乃大哭，絕而苏曰：「天乎！何使我百年弗爾偕耶，予何依？天乎！其絕我至此极耶！」孀 / 居二十餘年，悉屏簪飾。非甚親戚者，亦鮮見之。大節凛凛，洛人無弗羡焉。嗚呼！羔翁治家信而 / 嚴，愛而勞，且得孺人貞以相之。故諸子在齠年，皆教戒之，以慎其習。弱冠，戀勉諄至。是以

五子／咸服乃訓，頤貞礪鈍，各弘乃業。諸孫褒然，偉冠一時。鎬登庚子鄉試，謂非若翁與其母撫育之／餘休乎。以是以觀陳氏之興，良有自矣。子五人：長曰圭，娶府庠生潘桂年女，卒，継娶吳英女；次／曰堯，以府庠生，援例任伊藩方城王府典膳，娶都指揮潘狪女，卒，繼娶隱士張徵女；三曰／坊，娶百戶呂紀女，俱先孺人卒；四曰垠，娶審理李森女，卒，繼娶處士張鸞女；五曰坤，娶指揮使／李府女，卒，繼娶吉昶女。女一，適千戶劉鉞。孫男六：曰鑰，府庠生，娶主簿李泮女；曰鎮，娶典膳吳／溏女；鎬即舉人，娶府庠生李棻女；曰銓，洛庠生，聘承使鄧福謙女；曰鑄，聘處士劉準女；曰錫，尚／幼。孫女五：長適河南衛指揮使王承禄；次適河南衛應襲指揮使李節；三字河南衛指揮使百／家子邦義；四字劉憲子清；五尚幼。曾孫男三：長曰洸；次曰治，聘府庠生蔡承珮女；三曰洛。曾孫／女一，尚幼。其子垠將啓羔翁壙，合窆邙山之麓之舊塋，適是年四月十一日也。銘曰：／

貞淳風微，節儉道亡。千載之下，疇承其芳。卓哉陳公，嗜義如渴，崇禮惟康。懿矣孺人，克孝于姑，／相夫惟良。嚴愛夙著，有子咸成。孫沾士籍，為國之英。發厥祖道，于天下光。爰啓方來，旣顯且揚。／積善餘慶，天道之常。雙璧瑩瑩，妥此玄堂。

洛陽劉策鐫。

明故散官陳公暨配李氏合葬墓誌銘

賜進士第中順大夫湖廣按察司副使前戶科左給事中洛陽東谿孫慶奎撰

賜進士出身奉政大夫四川按察司　僉事

後學同邑震軒蔡後元篆

同邑震軒蔡張進舉書

此墓葬洛陽陳公與其配李氏合葬墓志銘也按狀公諱至字希賢先世在勝國時為滌之某安人

高皇帝崛起淮甸公高祖諱世德挾策仗義從之值比代以戰遠卒軍中馬子興樂若翁遺列業

立戰功陛六同衛指揮僉副調南陽河南衛遠世祿於洛與生子鑄鑄生清生子四

長曰林次曰彬林生子即鑄公子黑以我貿利以義用以儉恭市寵細行不屑為翁

世亦鈙解大義故一子為綦親計至翁父及兄黑輕抵准扶柩歸洛母屍悲號予廢寢食翁行之翁

曰父已矣母慶若此一旦不測兒何依乎母依乎翁予忝悟乃衷以情遠遂今禮母及長授以儒書

惟不事浮靡歷教廉周旋下母竟以壽終翁以逸群弗類勿舒髫弗禮慕之翁天

家漸敦教歲周旋矃蓄諸子在紹年智教戒之一時鍇蟹庚子御試謂非素夙之所予惠滋

寂趙莪歲女貞以相之故諸子在紹年智教戒之一時鍇蟹庚子御試謂非素夙之所予惠滋

備至姑當必李氏者千兵卒政女也生而閒潔食弗安也居常侍寢弗安惟翁是以五子綑與其母攜青之

窨蔡之儒尤閒弗絕而蘇曰天平何使我百年弗爾偕佰子何依天平其絕我至此極耶婿

卒之日癙人乃大哭絕而蘇曰天平何使我百年弗爾偕佰子何依天平其絕我至此極耶婿

居二十餘年慮虜簪飾非甚親戚者亦鮮見大卿靈裏嘆人無弗義也呼無弗翁也信翁洽家信翁

嚴愛而勞且得癙人貞以相之故諸子在紹年智教戒之一時鍇蟹庚子御試謂非素夙之所予惠滋

竟以府庠生援例任　與良有自矣子五人長曰圭娶府庠生潘桂生女卒繼娶吳氏英女次

成服乃訓順貞碱鈙各弘乃縈諸姝葵然偉冠一時鍇蟹庚子御試謂非素夙之所予惠滋

餘休乎以是而觀陳氏之興良非偶然律蟹庚子御試謂非素夙之所予惠滋

二十日享年六十一歲越二十八歲嘉靖癸卯二月二十七日癙人李氏云公卒於正德丙子四月

有四李氏者千兵卒政女也生而閒潔食弗安也居常侍寢弗安惟翁是以五子綑與其母攜青之

伊蕃方城王府典膳都指揮女卒繼娶士張葵女五日坤娶女三日洛曾

坊娶府呂紀女俱先癙人之與良有自矣子五人長曰圭娶府庠生潘桂生女卒繼娶吳氏英女次

溥女錡和義五長適河南衛指揮使李即蔡次清五尚曾孫男三長曰洗次日治聘府生潘葵女日治娉福譚女曰錫尚

家子邦義四字埌將啓黑翁壙合葬卬山之麗之舊塋男三長曰洗次日治聘府生潘葵女日治娉福譚女曰錫尚

女一尚幼其子孫承洽仕籍為國之央綵厥祖道于天下光愛啓方來既顯且揚

貞涵風歲卽儉道亡千載之下曠承有子武成

相夫惟良嚴懿愛鳳天道之常鑾鑾安此女堂

横善餘慶天道之常鑾鑾安此女堂

洛陽劉家鐫

六十一、崔印墓誌　嘉靖二十七年（1548）十二月二十五日

誌盖篆書二行：大明崔君／周衛墓志

明故處士崔君墓誌銘／

泰庠生鶴皋梅月拜撰。／

郡學生平湖劉岩書篆。／

崔君諱印，字周道。其先自唐宋以來世家姑蘇，迄元季，始／徙海陵之冨安場。曾大父允實，大父子通，父朝鄴，咸隱德／弗耀。母韓氏、周氏，公周氏所出。生而偉儻，賦性勁直，人皆／謂崔門有子，可叺承考矣。惜□未學，無以為質之輔。遂居／分資，身桑弧為志，華靡所弗屑也。継而貲蓄苟裕，家政日／脩，世故練諳，先業益葺。每以言行無聞，因之自歉也。睦族／和親，周貧恤困，必殫心力而為之。是非以直剖，坎坷以信／御。不瑣瑣，不逐逐，義命自安而已。廼教子以經，敦尚禮讓，／實古人貽翼之深意也。胡乃天弗厚畀，罹此修短耶！惟冀／隆德扵後，以為滋昌之地云爾。公配謝氏，生子三人：孟曰／光，娶何氏；仲曰三省，娶盧氏，卒，聘張氏，務本經營，不事浮／習；季曰三錫，聘陸氏，補郡庠弟子員，行將大魁也。女一，適／里人王淳，先公四月而歿。計享年四十有八，生扵弘治庚／申五月念三日，卒扵嘉靖丁未閏九月初四日。生也克順，／没也克□。戊申十二月二十五日，人謀協從，卜筮襲吉，用／葬扵新塋之陽。其子涕泗持狀請銘，義辱葭莩，懇辭不已。／銘曰：

維行允臧，維譽斯彰。有先啓裕，／有後承光。勒珉紀實，以永無彊。／

石工姚宗吉刻。

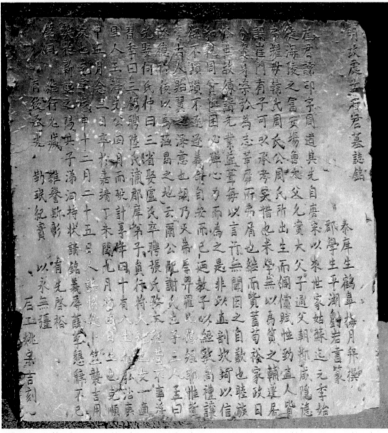

六十二、傅永春墓誌　嘉靖二十九年（1550）十二月

額正書：明故傅公永春墓

盖棺事定以誌銘，銘自臨川九十四都田溪／里。公姓付，諱永春，贅金谿十八都金石源黃氏。／公生成化壬辰七月初一申時。其為人也，一以／忠信，不尚浮華。貿易生財而家致冨，買田築室，／家業一新。生子四：曰英；曰蕃；曰華；曰茂。女二：長／適東鄉侯；㓜適槾源車。英娶鳳窠詹；蕃娶興梁喻；華娶黎坊黎；茂娶程氏。孫十六：長曰勝；曰明；／曰清；曰慎；曰勤；曰奎；曰婁；曰胃；曰昂；曰畢；曰觜；／曰參；曰星；曰張；曰翌；曰軫。㓜未娶。女孫金英。公／歿壬寅正月廿六辰時，享年七十有九，終于正／寢。諏是月廿四日，葬于本里金石源裏頭山，坐戌／趾辰。山環水遶，風氣攸聚。從吉兆也。／銘曰：／

萃正氣，產若翁。□貌純，／無矯容。御家政，均以豊。万斯年，□興中。／

加靖庚戌臘月吉，哀子英、蕃、華、茂泣血立石。

六十三、王瓚琳墓誌　嘉靖三十年（1551）十二月二十日

額正書：明考王公瓚琳墓誌銘

公姓王氏，諱瓚琳，世居南豐双井，再迁臨川草坪。國 / 初，始祖惟忠公贅居八十一都石頭嶺李，父克敬，母李 / 氏，生公於弘治壬子十一月十八日亥時。兄弟三人：長 / 瓚琛；幻瓚璋；公居次焉。公娶周氏，生男二：長任十，娶熊；/ 幼任十三，娶羅。孫孝、悌、忠、信四人。公性朴而直，躰厚而 / 長。事父母孝，處兄弟和，待子姓嚴。居家以農業為事，客 / 外以貨利為謀，凣百歷履，一毫非義弗為。至加靖庚戌 / 七月十五日申時，以疾終於正寢，享年五十有九。諏卜 / 吉兆，乃於加靖辛亥十二月二十日亥時，藏柩于本里 / 花園地窆焉。頂乾趾巽，為佳城也。於乎！公之令德如是，/ 可重於不朽矣。故冝刊諸金石，遂為之銘。銘曰：/

悠悠之山，漸漸之石。公処于中，與天罔極。/ 卓乎其行，無今無昔。窆既協吉，子孫千億。/

加靖叁拾年歲次辛亥拾二月吉旦，哀男泣血立墓。

明考王公瓚琳墓誌銘

公姓王氏諱瓚琳先世居南豐雙井再迁臨川草坪固

初始祖惟忠公贅居八十一都石頭嶺李公元妣母長

氏生瓚琛公居次曩公娶周氏生男二長任十聚房俱

瓚生琛公壬子十一月十八日亥時九弟三人長

幼任十三娶羅公孫孝惕忠信四人公性朴而直謹□

長華父母孝處九郎歷履一薲非義居家以農至加靖戍

外汲汲貨利為諱一生正復享年五十有九諱終于正

七月十五日申時以疾終于正月二十日亥時載柩于本里

吉兆乃於加靖辛亥十二月二十日亥時載柩于本里

從園窀窆為頂塋趾巽為佳城也於乎公之令德如是

可重於不朽矣故宜利諸金石謙為之銘銘曰

修修之山漸漸之石公處于中與天國也

臻俗年歲次辛亥拾二月吉旦

孝男泣血立墓

六十四、郭克衍墓誌　嘉靖三十六年（1557）十二月二十九日

明故大賓郭公南崖先生墓誌銘 /

乙卯經魁潛谷鄧元錫撰文。 /

邑庠學生義所周桂書篆。 /

　　嘉靖丁巳臘月，南崖翁歿，既小祥，厥孫時雍持狀泣拜請銘，以襄大事。予卯 / 角時嘗聞其名而識其人，況公之弟與予同學，素所敬服，是故可以因其弟 / 而徵其兄矣。銘惡乎辭哉！按狀，公諱克衍，字世寬，別號南崖，乃先達蒙齋先 / 生之從侄，恩壽大賓順庵先生之子。母劉氏生公於弘治辛亥四月十七日 / 子時。公性穎敏而氣豪放，心孝友而力勤儉。接物藹然，以和處事，確然以公。 / 善則稱人，過則歸己，有古君子風焉。且居迫縣治，罔失足于其門。每遇糧役 / 属于公庭，邑之賢侯委之以事，亦嘗綜理得宜，其所以取重於上者有素矣。 / 至於宗族鄉黨有相競不決者，一一為之觧紛，率靡然服從，退無後言。非公 / 素行足以取信於人，能如是乎。自是年及始衰，杜門自守，惟延名師誨諸子 / 弟。嘗誦伯祖蒙齋先生遺訓，以範于家。而其弟鳳崗克自淬勵，駸然上達，未 / 必非公訓戒之力也。後嘗增置屋宇，每重其價以為貽翼之善。復於分柝祖 / 業之外，存腴田數伯秤，以供祖考妣醮祭之需。又見二孫質有可學，惓惓付 / 託于弟教育，以責其成，惟慮書香之或替焉，公經營念慮亦周且悉矣。偶於 / 丙辰臘月念六日，以疾終于正寢，年六十有六。娶涂氏，無子。復娶劉氏，生子 / 継高。娶黃氏，生子二。継娶李氏、璩氏，無子。女二：勝悌，適馮鉉；福悌，適李熯。孫 / 二：長時雍，娶璩氏；次時用，聘黃宅，未娶。孫女愛悌，適潘一瀾。曾孫維熙。継高 / 亦於丁巳八月継故，與妻黃氏合葬，地名胡坑。是歲十二月念九日，孫時雍 / 等扶柩安厝於北坊是何嶺雷名之陽。其地申山寅向，兼庚甲三分，從治命 / 也。嗚呼！公之素行，足以表世範俗，宜膺其壽，何僅止於斯耶！然而芝蘭挺秀， / 異日顯榮光，大尚有徵於其後。予故僭為之銘，以垂諸不朽云。 / 銘曰：

　　公之德璞玉之良，公之譽幽蘭之芳。其存也俯仰無愧， / 其終也佳城永藏。慶延于後，多男之祥。銘勒于石，百世之光。 /

　　嘉靖三十六年歲次丁巳臘月吉旦，汶川何煜鐫。

六十五、童東墓誌　嘉靖三十八年（1559）六月十九日

額正書：明故童公元會先生墓誌

賜進士出身、中順大夫饒之安邑周舜岳字良卿撰文。／

公諱東，字元會，施山其號也。世居饒之安邑九都童村／里。童氏曾祖諱琦，祖諱釗，父諱淮。母本邑十二都青山／于氏，生公兄弟四：長椿；次榎；又次楸；公其幼也。以公父／本庠生，食糧素邁而卓冠斯文，遠望而震焉者。而公之／睿智天縱，亦能繼父之志，志篤遠，稽古今博浹。即其威／儀莊敬，肅容儼然，人望而畏之。識見超越，嘗有經世賦／志之心。井渫之甘，雖未荷王明之汲。其為師範，端嚴得／體，斯文親誼，盖有不容舍之而他適者。以公之賢，亘享／遐齡。惜天嗇其寿，云胡遽傾，孰不哀憐而悲況也。公娶／薌溪邑中原彭氏，子一，曰汝亮，娶薌溪邑下塘徐氏。孫／男一，乳名和尚。公生於癸亥年十一月十五子時，卒於／甲寅年十一月初六日戌時，享年五十有二。己未年辛／巳未日辛未時，塟祖壠元八。山坐庚向甲，叶吉兆也。／

皇明嘉靖三十八年歲次己未六月十九日立。／

孤子汝亮泣血立石。

六十六、陳通八墓誌　嘉靖三十九年（1560）九月十五日

　　額正書：明故父陳公通八府君墓誌銘

　　明有撫之金川，祖居邑中市，鉅族笢仕，魚貫簪纓，代不／乏人。公諱行名通八，居邑之西嚴良里。曾祖林，祖徹，／父諱行名行二，母黃氏。生男五人：長曰通二；通四；通五；／通八；通九。公居四。敦尚行實，性良俠宕不仕，樂守田园，／秉耒供耕，奉親甘旨。公娶室，本邑廿都淙溪羊氏女也。／生男四人。女延玉，適本邑孔坊孔昌。男曰廣五、廣八、廣／十二、廣十六，經遊雲貴省溪湖湘獲利，公擄獨徏視男。／男媳詢音，放舟遠迎，旅舍侍養數月。中夏染疾，子婦勤／勞，衣不解帶，祈神求以身代。子婦無違，供奉湝灠。為子／者天下無不是底父母。公生於成化甲辰年六月十四／日，卒於加靖廿九年。寄枢省溪，迁於銅人府。至加靖卅／九年秋，男懼蠻夷焚爇，扶榇而歸。長婦李氏，次楊氏。寓居／於外。孫：佳二、老二。女孫：小妹、三妹。孤子廣十二、十六、文氏扶／枢歸家，是不忘本也。今乩取本年九月十五，安厝于本／本里江家山傍祖隴之左，坐辛向乙，兼別三分，沉潛亀趾，／從吉兆也。久羈蠻方，致思抱骸，歉矣。亦不能盡天送終／之礼，一個罪人耳。是以為銘，久不竆焉。銘曰：

　　嗟我父兮，／性格淳良。卒于遠方，子告遑遑。扶榇水陸，幸感蒼蒼。遭際常府，族／宦堂堂。救拔慈父，送返故安瘞大地，孫男如瓜瓞行行。／

　　嘉靖卅九年九月十五日，孤子陳廣五、八、廣十二、十六仝泣血拜碑。／

　　三男媳婦刘氏。

六十七、王氏墓誌　嘉靖四十年（1561）闰五月二日

額正書：故羅母墓誌銘

按孺人王氏，世居巴陵大地，名家女也。自幼秀毓閨／門，克從姆訓，幽閑貞静之德咸俻焉。生扵前壬寅年／九月初五日。时及笄，適于八十一都／羅君鎮綱焉，伉儷者焉。奈中道失天，堅持雅操。生子／二：長曰暹孟，配妻吳氏；幻曰暹韞，配妻／丁氏。至植孫：天袖，娶李氏；天襌，娶曾氏；／天裕，娶丘氏；天祥、天裱。至重孫：仁孫、義孫、礼孫、智孫、信孫。此生生蕃盛，皆本／扵孺人也。嗚呼！／孺人之德，世不常有。不期扵今辛酉年閏五月初二／日時，疾帰正寝。今者卜塟于羅習山焉。／孺人游魂之所，使鍾其灵而庇其嗣焉。／銘曰：／

孺人貞淑，懿行端莊。獲配君子，敬事不忘。／家貲充招，宜享高堂。料嬰一疾，遽返泉郷。／卜葬吉地，山水悠長。庇蔭後胤，百世其昌。／

大明加靖四十年閏五月日立。

據自藏拓片錄文。

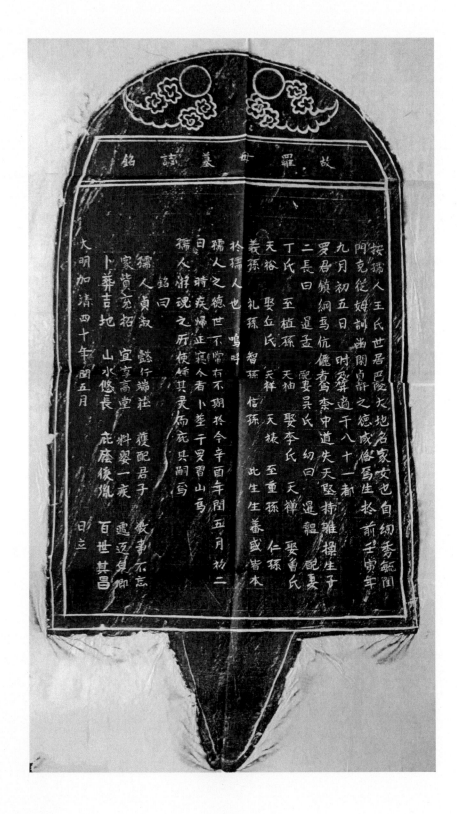

故羅母墓誌銘

按孺人王氏世居巴陵大地名家女也自幼秀毓聞
阿克従姆訓幽閑貞靜之德咸俗寫生扵前壬寅年
九月初五日時發舜適干八十一朝此
羅君鎭絧焉杭儼者杂中道失天堅持雅操生子
二長曰遑孟配娶吳氏幼曰遑韞配娶
丁氏至植孫天祥天祿至重孫仁孫此生生蕃盛皆木
天裕孫娶丘氏智孫信孫
義孫礼孫天禪娶曾氏

鳴呼
孺人也世
孺人之德世不常有不期扵今辛酉年間五月裕二
日時疾歸正寢仝者卜塋干羅習山焉
孺人游魂之所使婦其靈炳庵其嗣寫
銘曰

孺人黃叔懿行端莊　獲配君子教事不忘
家貨充招宜享高堂　料婴一疾遽迈息鄉
卜葬吉地山水悠長　庇蔭後胤百世其昌

大明加清四十年閏五月　　　　　日立

六十八、吳江暨妻鄭氏墓誌　　隆慶元年（1567）十一月十九日

明故臨朐令吳公配鄭氏合葬墓誌銘 /

賜進士第、承直郎、兵部車駕清吏司主事□□徐養相譔文。 /

賜進士第、中憲大夫、襄陽府知府、前廣東道監察御史兩臺李一經篆蓋。 /

賜進士第、承直郎、南京戶部四川清吏司主事南川馬鈇書丹。 /

吳公之令臨朐也，卓有政聲，乃不及奏績，以正德己卯卒扵仕。其配鄭夫人撫孤有成，登壽耄耋，以隆 / 慶丁卯卒扵寢，蓋去公幾五十年矣。其子生員宗文、宗武以太學生黃君建中状来請銘，余生也晚，不 / 及知公事親之詳，守身之大觀，諸夫人刑□之儀，與其子世德之美，公之遺祉可槩見矣。按公諱江，字 / 容之，先世洛陽人。曾大父清徙睢，生允，以例入國學。生健，健配徐氏，生公及淮。公性醇朴，言若不出 / 諸口，而藏否甚嚴。潛心經書，淹徹子史。自童卯時已輩舉業聲，年十六，入郡庠，次補廩膳生。又□車公 / 名重寰海，每讀公文，未嘗不斂容推遜。視學十四年，凣三擢案元，恒以觧首期之。乃僝賽七科，至正德 / 丁卯，始舉扵鄉。公弗以是為慊，益肆力扵學，講求義理，及約身心，澹泊明志，不慕輕肥。文章以明道為 / 主，不與後進競華奇。造就人材，各隨其器。維時橫經，門下濟濟多人。以科目稱者，許遷喬輩五六人； / 以歲貢稱者，潘天民輩七八人；以髦俊稱者，安寵輩又不下三二十人。或見諸政事，或見諸風教，或見諸 / 文藻，皆足以發公之學，繼其志扵不窮。其有切民彝，有關世道，益多多矣。丁丑，授山東臨朐尹，邑故健 / 訟，公以仁化之，民用歸良。歲賦多逋，公以義先之，乃兢樂輸恐後。且傳經以啓蒙，捐俸以濟急，課業訂 / 文，悉原身教。用是，真才輩出，科第多賢，淵源皆公所漸也。公以勤政遘疾，至不起，輿櫬南旋。圖書外， / 無長物。其持己之端，蒞官之潔，茲可類見。初配高氏，繼配鄭氏。恭儉慈柔，徽懿貞淑。助燈窓之功，相花 / 封之政，其德未易悉舉。至其中歲持節，冰清檗苦，教訓諸孤，各底名儒。凜凜然，有古列女風。則雖歐母 / 之畫荻，柳母之和熊，恐未易過也。公生成化丁亥五月十五日，卒正德己卯三月十八日，享年五十有 / 三。高生成化庚寅八月三十日，卒弘治壬戌三月二十五日，得年三十有三。鄭生成化丙午九月十日， / 卒隆慶丁卯十一月十九日，享年八十有二。高生宗周，娶于氏；宗魯，生員，娶張氏；宗舜，娶劉

氏。女適散／官鄧儒。鄭生宗堯，嘉靖丙午舉人，娶張氏；宗文，娶姚氏；宗武，娶周氏。宗周生忠，娶曹氏。女適朱勳。宗舜／生三益，娶李氏；三讓，娶陳氏；三聘，娶安氏。宗文生三省，娶皇甫氏，繼娶杜氏。女：長適生員吳從周；次適／張乘雲。宗武生學省，娶王氏。女：長適安坤；二、三幼。忠生國仕，娶朱氏；國儒，娶白氏；國信。三益生會極、歸／極，女一。三讓生庄孝，女一。三聘生女一。三省生櫃，聘郭氏；楓，聘李氏。女二。嗚呼！公為清白吏，初未嘗為／子孫計也。乃今子氏七人，孫氏十二人，曾孫十四人。振振繩繩，桂蘭相望，後來者又不知其幾。闡幽／光而發先德，其誠天之所以福善公之所以不朽者。宗周至宗堯，俱先鄭母卒。宗文、宗武以母卒之／□□啓公壙，合窆扵城北祖塋之次。爰志其事，而系之銘。／銘曰：／

　　仕不逮學，壽不盈德。歷禩彌長，芳聲彌赫。誰其嗣者，詩書世澤。義存前嗣，仁撫幼孤。聿光先業，惟／懷永圖。承代之德，蓋弗止扵相夫。拱璧連珠，載合載綴。越五十霜而復元會，吳公之心庶其歸稅。／恒山之麓，汳水之澳。佳氣呈祥，爰集百福。式藏爾玉，俾爾子孫其穀。

　　據自藏拓片錄文。

六十九、胡鎰墓誌　隆慶三年（1569）八月一日

額正書二行：日月／明故胡公南軒先生墓誌銘

鄉貢進士同邑姻人懷源彭世清撰。／

南軒翁卜塋，其子週恭幣來徵埋文。按狀，胡氏金谿著姓也。先／祖世居五都夏池，喬族也。至曾祖崇，贅居十二都錢山刘氏，詩／礼大其家。公為四世孫，諱鎰，號鎦八，南軒其別號也。祖玉清，父／智，俱隱德君子。母周氏，有慈訓。生公弘治戊午二月十四亥時，／穎質聰敏，不妄言笑。讀書知大義，寬□簡重，以義制事。廉静寡／欲，以礼制心。惟孝友于父兄，而家庭雍睦；以義方訓子，而世襲／書香。克勤克儉，家業以增。樂志丘園，不干仕進。誠乃人中之美／士也。宜享高寿，不幸，嘉靖甲子十二月十七，終于正寢，得年六／十有七。嗚呼！公之享德無涯而浮寿有涯，然嗇于寿而豐于後／人乎！厥配王氏，賢淑宜家。子一，曰週，克有成立。媳刘氏。女／一，帰榭橋吳徽，婿也。孫男一，仰，娶黃氏。孫女一，帰源南橋黃生，孫婿／也。曾孫尚忠、尚志、尚恕、尚惠、尚慈。卜取己巳八月初一壬寅寅／時，奉柩塟本里下山，首乾趾巽，万載佳城之慶也。公□如是，是／宜銘。銘曰：／

公德善良，志行端莊。耿介正直，樂隱韜光。／茲焉卜塋，山水伏藏。垂裕後嗣，百世其昌。／

隆慶三年歲次己巳仲秋月吉旦，孤子胡週泣血立石。

七十、劉玘暨妻陳氏墓誌　　隆慶六年（1572）三月十五日

　　明昭毅將軍、協守甘州左副總兵藍谿劉公配封淑人陳氏合葬墓誌銘 /

　　藍谿公卒葬之十又三年，乃淑人陳氏以壽終正寢。子葵等筮以隆慶壬申三月十五日啟 / 公墓，奉淑人柩而合葬焉。預期執姜子兆福狀泣拜于余，以丐誌銘。余生也晚，尚憶遊沜水 / 時，公已錄陟雍顯，令名赫赫。以故，公之德政與有聞焉。及讀福狀，又得公履歷之詳，誼在通 / 家，其何敢辭。按狀，公姓劉氏，諱玘，字文玉，別號藍谿。其先直隸揚州府通州人，上世祖通以 / 軍功受陝西西安左衛前所正千戶，五傳□而至公，歷視所篆，所人稱平。尋以征漢南流賊， / 撫甘肅回夷，馭寧夏套虜，屢建奇勳，擢本衛指揮僉事。兢兢翼翼，無敢少肆。握衛篆，衛無墮 / 政；署倉儲，倉無弊隙；典中軍，軍無亂紀。寬猛合宜，上下得心焉。時階、文巨寇作號，殘傷方面。 / 公親冒矢石，執訊獲醜。捷奏，擢甘州行都司僉書，職理屯田，屯政修舉。隨轉陝西都司督 / 操事，訓練有法，兵威振揚。復轉行都司掌司事，利興弊革，閫外以寧。尋擢洮、岷、河三州叅將， / 其在洮底思生番為害，月無虛日。公奮力擒首，餘孽傾心，誓不敢犯惡，藏地方。通虜要路無 / 險可恃，公議築邊壕十數里，官民無擾，不日告成，民恃以安。其在岷顛角生番負固不庭，公 / 統兵深入，立斬渠魁，餘黨盡降。其在河歸德熟夷犯順，積有年矣。公諭以恩威利害，眾皆悅服， / 遂驛遞貢道疏通，三州之人咸愛戴之。未幾，而 / 簡命又下，擢甘州協守總兵官。去之日，州人扳留遮道，泣不忍舍。去之後，又勒碑以永思焉。于 / 此見公德澤入人之深矣。及協守甘州，哈密回夷率眾叩關，公撫處得宜，迄今修貢無梗，公 / 之續也。無何，竟以小嫌見幾，謝政而歸。於戲高哉！配陳氏，西安右護衛指揮同知北山翁女 / 也。以公陞秩， / 誥封淑人。淑人生而性識通敏，孝友天成。及笄，父母選所宜歸，以歸于公。婦道母儀，表表足法。 / 公之貳室有子曰萱，淑人愛之，不異己出。公有孤姪無告，曰芝。淑人撫養之，不異公之子也。 / 淑人之賢，彰彰于人耳目，古所謂女中丈夫，其何忝哉！子葵襲承公蔭，武舉第一，見任遊擊 / 將軍。廉慎自律，有古名將風度。晉職封爵，將來不可量。娶王氏。菊以武舉膺冠服，負比父兄， / 進取有待。娶王氏。俱淑人出。萱娶陳氏，卒。及女一，適左衛指揮楊繼先。貳室王氏出也。孫男 / 四：守娶吳氏；寵娶榮氏；寬、官尚幼。孫女四：一適宗室鎮國中尉惟焰；一適左衛百戶丁紹武； / 二幼，在室。曾

孫男二：承勳、承業，俱劢。公生于弘治九月十七日，卒于嘉靖庚戌二月十 / 八日，壽五十有九。淑人生于弘治乙夘四月二十二日，卒于隆慶己巳十二月十日，壽七十 / 有五。合塟于咸寧縣韋曲之原，從祖兆也。銘曰：

吁嗟劉公，懋德奇功，名世之雄。噫嘻淑人，莊 / 静慈仁，閨壼之珍。韋曲之顛，豐草芊芊。雙旌載縣，以封以丘。樹之松楸，神其永休，子孫繩繩。 / 歲時羞菱，是繼是承。我銘惟新，勒之堅珉，永永其無磷。 /

文林郎、四川温江縣知縣長安王三命頓首謹譔并書。 /

不肖男葵、菊、萱等泣血上石。 /

沈源鑴。

七十一、朱典櫍墓誌　隆慶六年（1572）十一月二十日

萬安康懿王墓誌銘／

賜進士第、通議大夫、南京刑部右侍郎、前户科給事中、侍／經筵柱峯王正國撰。／

賜進士第、進階正二品、資善大夫、山西布政使司左布政使嵩野朱用書。／

賜進士第、奉政大夫、山西按察司提學僉事、前尚寶司卿書川劉奮庸篆。／

萬安康懿王者，太祖高皇帝六世孫伊敬王之次子也。太祖龍飛淮甸，混一土宇，乃以第二十四子分封洛中，是為／伊厲王。厲王生簡王，簡生安王，安生悼王、定王，定生莊王、敬王。／敬王配妃傅氏、魏氏生二子：長曰典橫，襲封伊王；次即王也。嘉靖甲子，橫以罪廢，安置鳳陽，／勒王管理府事。王諱典櫍，自稱太和子。器宇凝重，天性孝友。讀書循禮，篤信／善行。既理府事，益加敬慎，遵崇祖訓，毋敢怠忽。且好賢忘勢，喜與賢士／大夫遊，起亭榭，置苑囿。每遇佳辰，則延客雅會，開尊賦詩，談咲終日，至夜／分無倦。故臺省之官，縉紳之士，鮮有不造其門者。凡次第王之名德，必首／曰萬安云。王生於正德癸酉十一月二十一日，薨於隆慶庚午十二月／二十二日，享年五十有九。訃聞於朝，／皇上深加悼惜，輟鍾鼓一日，遣行人黃德洋致祭。塋塟，復勒禮議諡曰康懿。／若王者可謂善始令終，極其榮且侉矣。王薨後二年，是為隆慶壬申，乃塟／王洛城之西北邙之新兆，十一月二十日也。配妃王氏，兵馬雄女，先王薨。／継妃張氏，兵馬憲女。夫人顧氏、陳氏、陳氏、湯氏、潘氏。男子十五人：長鎮國／褒勳，娶張夫人，顧氏出；次鎮國褒爌，娶蘇夫人，陳氏出；次褒輝，封長子，娶／李氏，薨；次炲，復封長子，聘謝氏，俱張氏出；其餘子俱未名封。女子十一／人：長封懷恩縣主，配儀賓李深；次安城縣主，配儀賓常士益，王氏出；次寧／德縣主，配儀賓葉舜；次武長縣主，未配，俱張氏出；次上蔡縣主，配儀賓周／大成，湯氏出；餘者俱幼。孫男三：曰坷埬、坷空、坷墳。一未名。孫女五：長封昌／武郡君；餘俱幼。銘曰：／

赫赫伊藩，爰自厲王。分封錫土，實維洛陽。簡安悼定，莊王則立。贊而弗嗣，／敬以弟及。是生萬安，樂善親賢。紹休繼德，益懋挹謙。植學履

道，恭儉溫／良。年嗇德豐，厥後永昌。北邙之陽，洛水之干。龍旐金棺，載棲載安。

　　1974 年，墓誌出土於洛陽市郊區紅山公社張嶺村。志青石質，正方形，邊長 99 釐米。

七十二、張威望墓誌　隆慶六年（1572）十二月十一日

明故處士南圃墓誌銘 /

邑庠生辱弟張日望撰并書篆。 /

隆慶五年歲次己未〔註1〕叁月初拾日，兄南圃卒于正寢，以隆慶庚申 / 〔註2〕十二 / 月十一日祔葬先塋之次。兄没后，其子克順过予，泣拜請銘，予 / 辭以不忍，既而喟然歎曰：「予與兄一脉相傳，非他人比，義不容辞也。」 / 謹按，兄束鹿人。元末兵乱，一世祖府君諱貴携二世祖府君諱善南 / 徙太康。曾祖府君諱迪博學能文，補邑庠廩膳。祖府君諱瀾，德行清 / 白，寓鄉飲大賓。生二子：長即予父府君諱鳳鳴，能詩能文，充邑庠增 / 廣；次諱鳳悟，即兄之父也。兄諱威望，字守儀，南圃其別號也。幼而質直莊重，詳審精密。出言行事，處己接人，未嘗不當于理者。年及弱冠， / 卓然自立。早作夜思，勤勞不怠。生業由是而興，家業由是而立矣。叔 / 早卒，兄撫幼弟妹，以事嬸母孔氏。甘旨之奉，輕煖之服，罔有不備。故 / 嬸母得以保养天和，抗節自守。四十二年之内，氷清玉潔，何常少变 / 其志節也哉！兄為之詣闕陳情，奈何未成厥志，遂以壽告終焉。其子 / 克順能继父志，欲全祖母節，可謂兄之肖子矣。兄生于正德乙卯六 / 月十八日，享年五十有三。娶張氏，継李氏，子男二人：長克順，娶王氏； / 次克敬，娶孔氏。女二人：長適霍一松；次適馬天。孫女小三節。兄既没 / 之后，人咸惜之。苟無志銘以傳其来，則平日之德行不泯然而 / 無聞焉。遂為之銘，以垂不朽。 / 銘曰： /

嗚呼吾兄，至德難名。孝于父母，克盡天倫。宗族畏服， / 鄉里儀刑。刻銘慕道，以振家声。傳之子孫，是憲是程。 /

太康縣北二十五里楊家廟住不肖男張克順寺泣血稽顙立石。

據自藏拓片錄文。

〔註1〕按隆慶无己未年，隆慶五年为辛未年。
〔註2〕按隆慶无庚申年，隆慶六年为壬申年。

七十三、楊遇元墓誌　萬曆二年（1574）十一月一日

　　壽官楊公諱遇元，子從吉，號煉山，太／和江渡人。考銳，母李氏，以弘治乙丑／三月十六日生。公初充五井吏，因家／焉。隆慶六年十月二十六日，卒于駱。／萬曆二年十一月初一日，歸葬弘圭／祖塋。先娶楊氏，市上楊琰女。生文勝，／充都司知印。文勝娶楊氏，生孫五人：／曰輝；曰明；曰新；曰章；曰宣。公继娶何／氏，无出。再娶楊氏，生二女：長淑濂，適／鄧川楊淑泗；次淑潔，適同邑董文淵。／讚曰：／

　　五臺之陰，煉山之麓。有隱君子，懷／才抱璞。不炫而華，不仕而禄。蘭桂／芬芳，孫枝競秀。拂袖遊仙，罄冝戬／穀。子继孫聯，蒸嘗永續。

七十四、王珍姑墓誌　萬曆三年（1575）三月一日

額正書二行：明□ / □□□墓誌銘

孺人諱珍姑，本里藥局王隆八□之長女也。生扵加靖丁 / 酉九月廿六日丑時，及長，配黃君憲號碧溪。孺人生二子： / 長曰驚，行意廿，娶江氏；次曰駮，娶汪氏。長女三姑，幼女满 / 姑。孺人扵萬曆三年二月廿五吉，以疾逝，享年卅有九。卜 / □本里梅家源，子山午向，吉。於三月初一庚子日酉時下 / □。孺人性慈惠，事旧姑孝，處妯娌和，待宗隣睦。相夫順，教 / 子以嚴。治家克勤，儉以致富。宗族鄉黨賢之，藹然一鄉之 / □則也。予舘于里，厥姪遊于門，請之以銘。予聞其賢，遂悉 / 其行實，以刊于石。 /

孺人之生，德性溫良。作配君子，坤順乾剛。 / 處家克儉，教子義方。厝葬本里，梅源之陽。 / 龍盤虎踞，長發禎祥。子孫蕃衍，百世永昌。 / 雲山□水，地久天長。 /

萬曆三年春三月朔旦立。 /

臨川縣學生員胡舜臣撰。

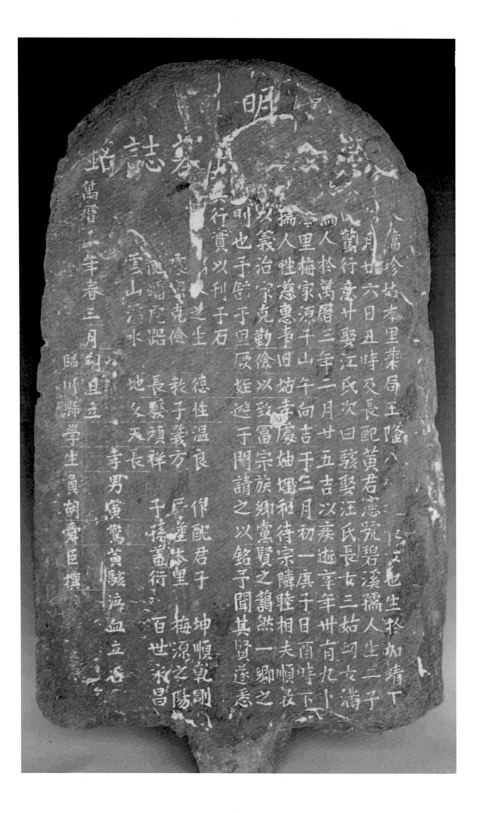

七十五、徐柰墓誌　萬曆七年（1579）十月十三日

額正書：明故徐公墓誌銘

伏維 / 公徐姓，諱柰，行啓六，□□東北隅人也。於萬曆六年戊寅十二月十八日 / 戌時以疾令終。龜卜萬曆七年七月十三之吉，安厝于祖山溪嶺，首癸趾 / 丁，兼丑未三分，從吉兆也。厥孤金慶與余有朋情之雅，奉狀請銘，以納幽垂 / 遠，誼弗辭焉。按公曾祖福，祖友仁，父抉祿。母吳氏，生公于正德庚午十月 / 十四日寅時。公幻性聰慧，噐度弘遠，□歷江湖，克拓先業。事父母以孝順，待 / 兄弟以敬。其處鄉党朋友也，必誠必恪，無敢慢焉。亘邑之豪傑，未能或之 / 先也。生男二：長曰金慶，行瑩七；次曰金德，行瑩九。生女曰鸞姑。慶娶附東 / 隅李，生孫文顯，娶本隅吳。次孫文盛、文佐、文亨、文華，俱幻未配。德娶東隅 / 吳，孫文隆、文華。鸞姑適金谿縣東門張榮吉。公享年七十有期，嗚呼！天有 / 晝夜，人有死生，此理亦數也。公之没也，其嘉言善旨不泯于世，殆與草木 / 同朽者不侔矣。予因而為之銘， / 銘曰：

公之德性，德性溫良。公之制行，制行端莊。 / 克勤克儉，家業愈昌。子孫蟄蟄，派行無彊。 / 胡何一疾，遽然而忘。刻銘于石，永鎮泉鄉。 /

賜進士第出身、朝議大夫、欽差福建布政司兼督海道左參議聶廷壁崇野撰。 /

萬曆七年歲次己邜十月十三吉日，孤子金慶、金德泣血立石。

據自藏拓片錄文。

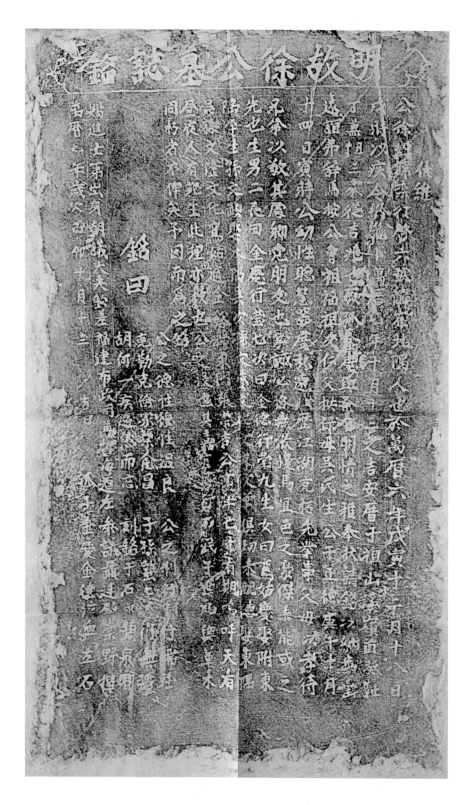

七十六、甯鎰壙誌　萬曆八年（1580）正月四日

額正書：墓銘銘

大明處士良湖甯公北湖先生恪廿一神主壙銘 /
嵩序曰，汝川晚孝生炉文昌拜撰序。 /
大明万曆六年歲次戊寅甯公北湖先生終于正卒，享年六十有三。厥嗣偕
輿 / 家筮地丁坊，復叩陰阳家選吉期，以大明万曆庚辰春正月甲辰日丙寅時
/ 扶柩奉塟扵窆于斯。予扰淚索銘銘翁，以文昌乃家之熟賓也，恩深地迩，
知 / 翁独詳，疇謂文昌獲辞是任哉！歎翁之族自 / 聖朝宋以来，居旴南良湖
之勝。及至敬夫公夐創有声，較前猶羡。扵正德丙 / 子年十月二十日酉時生
公，昆季有三，而公居長焉。甯鎰其名，国寅其字，北 / 湖其号也。然我翁
也，氣禀中和，英華不露，沉静寡欵，侯度不賒。誦其詩而讀 / 其書專，不
茹而剛，不吐卑以自牧。則敦厚以和平，無倨傲，無偏取。睦族和鄰， / 則慎
密以自介。至扵崇儒重道，教子義方，恭而有礼，大而有为也。比年，爱攬
江 / 湖，經營謀度，創業垂統，为可継也。及其蹰跡云林，優游歲月，御家有
道，誠可 / 誦也。上焉不遺乎先人之訓，而確守克勤之是務；下焉可以裕後
昆之財，而 / 執守侈律之不事。則天胡不憖而大命已傾。慶演芳声，長若旴
水。娶敖氏，早 / 喪。娶吳氏，生三男一女：孟曰樞，娶刘氏；仲曰柯，娶
潘氏；季曰朴，娶敖氏。女曰 / 琢姑。孫：洪、漢、濠、溢、滋、沔、洽、
淑、济、瀤。曾孫燐、熇、煒、焯、燁、燧、熾也。取土祖山二 / 十八都丁坊
履堂公左手，取庚山甲向。於是子孫繩繩，曾玄蟄蟄。泣血 / 訃聞，属予为
墓誌，予不辞而为之銘。本年吉日刊。

據自藏拓片錄文。

日 墓誌銘 月

大明處士良湖甯公比湖先生悟廿一神主壙誌

汝川晚李生炉文昌纂　撰序

大明萬曆六年歲次戊寅容公比湖先生終于正年享年六十有三歿嗣偕興

家塋地丁坊後卯陰陽家選吉大明萬曆庚辰春正月甲辰日丙寅時

昔萬曆六年歲次戊寅容公比湖先生悟廿一神主壙誌

聖朝宋以來居于甯良湖之勝及至敬夫公居長焉家鎰其名固實其實比正德丙

于年十月二十日酉時南良湖生公昆李有三而其華不露沈靜靄欲侔不睠蒲而謀

翁獨許畴謂文昌獲是任求喚翁之族自翁以文昌乃家之熱寶也恩深地近知

扶柩奉奠於斯子狀索銘翁以文昌乃家之熱寶也恩深地近知

則其壽孝不歿我翁也氣亲中和英華不露沈靜靄欲侔不睠蒲而誤

其壽孝不歿我翁也氣亲中和英華不露沈靜靄欲侔

湖則慎密以自介至於崇儒重道教于義方恭而有礼大而有偉比年愛攬江

經營謀度創業垂統為可繼也及其蹤云林優游歲月御家有道誠可裕昆之財而

誦也土馬不遺于先人之訓而確守克勤之是務下為可以裕昆之財而

執守修律之不事則天胡不愁而大命已傾㶁濱芳声長君盱水娶教氏女曰

湖土馬不遺于先人之訓而大命已傾㶁濱芳声長君盱水

喪娶吳氏生三男一女孟曰㮡娶劉氏仲曰柯娶潘氏季曰取土祖山二

十八都丁坊履壹公左于取庚山甲向

訃聞屬予為墓誌予不辞而為之銘

本年吉日列

七十七、高唐端裕王朱厚煐壙誌　萬曆十一年（1583）十一月十四日

誌蓋篆書四行：大明衡／藩高唐／端裕王／之壙誌

大明衡藩高唐端裕王壙誌／

王諱厚煐，字明甫，號清慎子，晚號岱翁。／憲宗純皇帝孫，／衡恭王
第四子，／嫡母妃沈氏，／母次妃諸氏。／王生於正德九年甲戌十二月二十
五日辰時。嘉靖九年庚寅十二月初十日，／遣／節冊封為高唐王。／皇帝制
曰：「天子之眾子必封為王，諸王之眾子必封為郡王，世世相傳，此／太祖高
皇帝之制也。朕祗承／祖訓，篤敘親親，茲封衡王庶第四子厚煐為高唐王。
夫為子莫先乎孝，為臣莫大乎忠，惟忠惟孝可以立／身。而永禄尚克時忱，
以膺寵命，爾其欽哉！」嘉靖二十七年戊申八月二十六日，／遣中書舍人郭
仁齋／賜璽書，獎勵孝行。／皇帝敕諭高唐王：「近該衡王及山東撫、按官各
奏稱，王兄弟二人，天性孝友，樂善好學，守禮如一，克篤人／所難及之行。
所司會勘，先後無異，良可嘉尚。茲特差官，降敕獎勵。王宜益敦善行，以永
終譽，用為宗室／之光，顧不偉歟欽哉！故諭。」萬曆十一年癸未閏二月初
一日丑時，薨於正寢，享年七十歲。／冊封元配李氏，東城兵馬副指揮李錫
女為妃。子二：長子載堚，封長子，早卒，配夫人劉氏，李妃出；次載學，／
封鎮國將軍，配夫人趙氏，劉夫人出。女二：長封黃浦縣主，下嫁儀賓王維
俊；次封長清縣主，下嫁儀／賓王登要。俱李妃出。長孫翊鑲，即承重當嗣爵
者。次幼。訃聞，／上哀悼，輟視朝一日。自聞喪、七七、十旬、窆厥，／遣
行人司行人張喬松掌行喪祭禮。朞年、再朞、禫祭，遣布政司堂上官／諭祭
行禮。在京文武衙門、尚書、國公等官，徐學謨、徐文璧等，皆致祭焉。仍／
命山東有司治喪葬如制。／賜諡曰。／制曰：「朕惟先王之典，生既有爵，沒
必有諡。爵以貴其身，諡以表其行也。爾高唐王乃衡恭王之子，早膺封／爵，
安享貴榮，倐爾云亡，良用悼惜，爰稽往行。」／賜諡曰：「靈其有知，尚克
歆服，載／賜龍頭，金書丹旐。」以是年十一月二十四日，葬於臨朐縣龍山之
原。／頒賜志文曰：「嗚呼！／王以宗室懿親，為國藩輔。茂膺王爵，貴富兼
隆。茲以令終，夫復何憾。爰述其槩，納諸幽壙，用垂不朽云。」

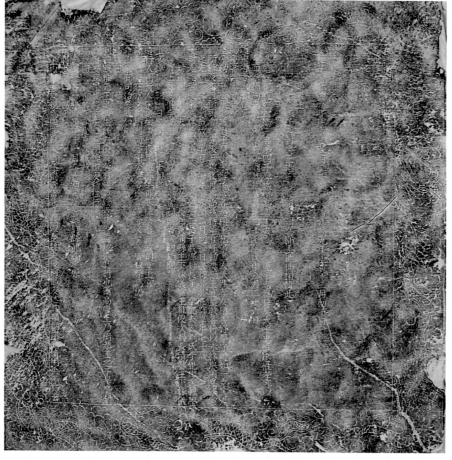

七十八、鄒杉壙記　萬曆十三年（1587）十一月二十一日

明庠士鄒君少谷壙記 /

邑庠生眷內姪城南胡體升以東父撰。 /

君諱杉，字震夫，號少谷。系出宋銀青光禄大夫望龍公之後，由抚鄰平道家于香溪。至遠祖 / 文照始迁淦善政鄉塔峯之鄒。曾大父志周，大父廷俊以律學授散官。父敏應歲薦，歷官霍 / 山、長沙、荆府教授。母鄭氏，生君扵嘉靖乙酉十一月十六日亥時，盖季子也。配余祖氓教授 / 節齋翁之次女，生男熹，配廟口張氏。女府祥，適佩貝謝賢。男孫二：之祥、之楨。女孫淑秀。俱幼， / 未聘。君殁萬曆壬午十二月初八日巳時，享年五十有八。卜今萬曆乙酉十一月廿一日塟 / 于本都二六啚坳上屋後，作丙山壬向，永為宅兆。雖然君殁矣，而君之德弗朽。自幼英敏，銳 / 意進修，治葩經。弱冠补邑庠士，文行籍籍有聲。及授以增，而志益勵。且從任霍山，在霍諸士 / 咸服焉。立會長沙，在長沙諸士咸服焉。如進士閭邦公、文魁顏若愚公皆一時會友，共口稱 / 曰：「鄒君誠吳中翹楚也，余輩遠退万舍矣。」當是時也，人咸謂君之科甲如在怀故物，君亦直 / 以自任。奈何機會弗偶，卒以屢舉不捷，良可惜哉！矧君居家孝友，處世和平，中外口碑，歷歷 / 可鏡。迨末年，知志之終弗遂也。曾訓子熹曰：「若祖鐸振楚淮，鴻奢藉甚，類自勤勵中来。若 / 毋懈以弛，毋荒以逸。今吾老矣，尚其教誨若子，以無愧于祖，則吾他日亦瞑目地下矣。」嗣是，令 / 子恪遵遺訓，質實有為，而令孫亦穎異不凣。君之所謂「瞑目」者，今□然乎。夫君淦著姓也，詩 / 書継踵，科貢蟬聯，最難乎其媲美。而君則生也卓然自立，殁也名不俱泯，君亦人傑也哉！余 / 忝內姪，辱君之愛，知君之深，聊述此以記諸壙。若夫表揚張大，尚當俟名公鉅筆云。 /

萬曆十三年乙酉歲仲冬月吉旦， / 孤子熹泣血立石。

七十九、耿氏墓誌　萬曆十四年（1586）十月九日

明故張母孺人耿氏墓誌銘／

邑庠生甥鶴樓王來崇撰。／

府庠生族姪峻齋張崇德書并篆。／

孺人耿氏，予母舅張公諱應軫配也。於本年六月十五日卒，予徃／吊焉。其子崇廉予表兄泣謂予曰：「弟為吾母誌，以識不忘。」予以匪／才弗文辭。兄曰：「知吾母之詳者，莫弟若也。幸勿辭，為我誌焉。」予感／母之愛不能已，遂為之誌且銘。按孺人，康邑耿諱累之女幼，生而／穎悟聰慧，性質温良。寡言笑，精女工。父母鍾愛之，為之擇婿，配予／舅。舅父鄉進士，諱鳳儀，早逝。姑氏孀居，孺人自于歸，奉侍姑氏，日／供飲食，時備服裳，姑氏喜稱其賢。姑氏有疾，躬視湯藥，輒五載，晝／夜不怠，孺人之孝敬可徵也。予舅幼孤弱，孺人相之以勤儉，晏賓／客精於中饋。舅得內助之賢，為我康之遺民、君子、宗族、鄉黨咸敬／重之。舅先孺人而逝，孺人理家務，勤績紡，不出閨閫，及二十載，／終始如一，母之節義可徵也。訓其子業儒，未遂，即就於農，日或一／日，家業豐盈。子乏子，為之納側室，視子婦若己女，孺人之慈可徵／也。族人有貧乏孤煢無倚者，收而養之，為之娶妻室，育子女，皆孺／人恩育之所賜，孺人之仁可徵也。其賢其德，孰可與之倫哉！孺人／生於正德十四年十二月二十五日，享年六十八歲。生子一，名崇廉。今本年十月初九日合葬於張公之陽家廟東先塋，予曰而銘／之。銘曰：

嗚呼孺人，制行無倫。生質端莊，德性温淳。／孝養姑氏，和睦姻親。相夫訓子，為時遺民。四德克備，／五福成臻。合葬於夫，安魂妥神。敬著斯銘，垂示後昆。／

萬曆十四年十月吉日，孤哀子張崇廉泣血納石。石匠盧銀刻。

據自藏拓片錄文。

明故庶母孺人耿氏墓誌銘

八十、余氏壙記　萬曆十五年（1587）八月五日

額正書：壙記

明故黃母余孺人壙記 /

孺人姓余氏，本邑火源里人也，嘉靖丁未 / 歸石崖黃君為繼室。孺人生正德辛未四 / 月十三日申時，卒茲萬曆十五年八月初 / 三日卯時也，享春秋七十有七。子一，曰夢 / 龍，娶唐氏。孫三：長道昇；次道彰；又次道照。 / 皆孺人抱提者。孺人之子卒先一年，奉人 / 事者諸孫而已。茲卜葬于本里祖山，首子 / 趾午兼癸丁，從吉兆也。遂為銘。 /

萬曆十五年八月初五日。 /

孝孫道昇、道彰、道照泣血立石。

八十一、王氏壙誌　萬曆十六年（1588）十月二十日

明衡水義官趙公妻王氏壙誌 /

孺人王氏，乃邑中鄉耆王英之長女也。生 / 于正德己卯年四月二十日寅時，于萬曆 / 丁亥十月初六日丑時壽六十九歲，無疾 / 而終。適義官趙儒，生子二：長天爵，義官，娶 / 宋氏，継娶彭氏；次天祥，選貢，娶李氏。女一，/ 適邑中徐彥庠。孫二：長德明，鴻臚序班，娶 / 陳氏；次德寬，庠生，娶王氏。孫女三：一適邑 / 中傅尚書公之孫，上舍傅之堂；一適庠生 / 李興賢；一適深州謝進士之子謝師範。曾 / 孫一，良弼。曾孫女一。以戊子年十月二十 / 日塋于縣西壬山丙向之地。/

不肖男天爵泣血謹誌。

八十二、龔氏墓誌　萬曆十七年（1589）正月四日

額正書：墓誌銘

孺人龔氏，下漸名家之女，父竟十五，母虞氏。生于正德／戊辰年三月廿一日辰時生，自幼帰周，為鳩橋東一公之配。／賦性温柔，勤儉節操。生子三：長曰本二，娶本都删科李氏，五十而／卒，継娶南城水口李氏；中子本三，卒，娶胡氏；次子本五，娶下漸龔氏。／女一，適本都下周坊吴章一。長孫男曰善五，娶本都上河戴氏；次孫男／善八，娶本都东岡丘氏；幼孫男国泰、順。女孫一，適本都大橋黎善三。延／孫男曰祖□、恩、□、□。延女孫文英。孺人德澤延永，家道奧隆。享春秋八十有二，／不幸卒于萬曆己丑年春正月初二日，以疾身故。越二日壬子申時，蕐于／祖墳山名大坑，坐丑址未。諸祥咸集，大吉兆也。銘曰：

孺人純良，德性洋洋。既／帰于枢，家業丕彰。卜兹窀穸，凤氣攸藏。顧庇尔後，百世其昌。／

皇明萬曆十七年己丑春正月初四日立。／

孝男周本二、五仝泣血拜書。

八十三、熊氏墓誌　萬曆十七年（1589）正月十三日

明故徐母潘氏孺人墓誌銘 /

辛巳科選貢夫再從姪國光譔文。/

承務郎、四川保寧府巴州州同夫三從弟朝祚書丹。/

廩生夫再從姪孫世道撰額。/

孺人，光從叔靜泉翁配也。孺人出邑之名族，賦性柔順，婉娩幽閑。歸我靜翁，曲盡婦道。上而 / 舅姑事之以孝，中而夫子承之以順，下而臧獲蓄之以慈。至扵姆娌往來，家務之揔理，則又 / 莫不和且勤焉。是以親踈咸適其宜，內外皆稱其德。婦道之脩，內政之羙，可以為世則矣。且 / 靜翁厥性嗜酒，日喜延賓。而孺人承順其志，隨所命而罔逆。所為無非無儀，唯酒食是議。孺 / 人有之。靜翁諱明祿，伯祖松山翁長子。孺人潘姓，文晉之女。生正德乙亥閏四月十二日辰 / 時，萬曆甲戌年二月十一日未時卒，距生年六載。生男三：長國璋，娶劉氏，國璋先孺人卒矣；/ 次國典，醫學訓科，娶黃氏。女二：長適江良翰；次適庠生黃稔。孫世用，娶璩氏，生子大慶。世用 / 則國璋所生。孫女二：集弟、誘弟，俱幼，未許人，國典所生也。因卜吉不獲，停柩未葬。至萬曆丁 / 亥十二月初三日，始克葬于夲縣南坊羅家源將軍亭左。葬時，弟國典即不愜意。後凡堪輿 / 家皆云：「地非吉兆，恐有水蟻之患。」國典朝夕不寧，獨力謀改，毫不涉厥姪世用之貲。廼萬曆 / 己丑正月十三日，徙于十一都西坑，且其穴基頗寬，遂以妻黃氏附于孺人墓側，復將其傍 / 預卜己之壽藏，噫！吾弟思泉慮親之周，見理之明，斯兩淂矣。囑光為孺人銘，/ 銘曰：

孺人本宗，世德孔邈。爰歸得所，宜室宜家。令儀茂修，可則可嘉。/ 鬱鬱佳城，福餘無涯。勒銘墓石，靡所溢誇。百千萬秊，幽宮光華。/

萬曆己丑春正月吉日。

八十四、吳十娘壙記　萬曆十九年（1591）十月二十八日

額篆書：明故吳氏孺人壙記

明故亡室吳氏孺人壙記 /

孺人姓吳氏，諱十娘，出余邑，江南姓為最著。父諱宣奉，號守愚，為邑諸生。積學累試不偶，遂刻意課子，竟 / 登乙卯鄉薦，歷廣西賓州太守。是為爐崗君，諱用章也。孺人于爐崗君為女弟焉。生丙戌七月二十八日，/ 性真靜夙閑，壼範為吳女則。比長許字，既笄帰余。事余父沙溪公、母謝孺人咸淂歡心，慮昆季暨嬌嫂悉 / 有禮。居常勤女紅，操紉績，軓軓不丙，夜不休。銖積寸累，毫不以入私囊。余事舉子業，每困頓不淂志。孺人 / 旦夕憫之，至為絣緶綻，佐余籌燈讀書。比補郡諸生，孺人內相之力居多焉。拙性少和，遇有忿輒婉言諷 / 諭之，不欲其忤于世。余家無厚產，倩嘗苦辛，孺人甘之。至如理中饋，躬蘋蘩，支持戶門，倩有條理。余歷家 / 三十余年，無內顧憂者，獨以孺人在也。訓諸子息，惟效儉朴，事耕讀，其于母儀，吾知其無媿矣。生子三：長 / 栲，初娶吉水漳渡張問政女，繼娶城南羅紹女；次新，初娶司前王元哲女，繼娶大櫟王昇震女；次栐，娶同 / 都蘇州府崇寧簿陳守清女。女一，適澧田劉汝龍。孫男二：長廷贊、次廷直，俱新王氏出。孫女二：長端姑、次 / 閨姑，俱栲羅氏出。嗚呼！以余儒素之家，孺人璧立之；以余兒女之繁，孺人敬育之；以余三子五娶之苦，孺 / 人助倩之。庶幾哉！無違之義，繇斯以譚孺人之賢于几闥也遠矣。賢如孺人，直謂孺人富春秋，詎意其遽 / 棄余而先逝。逝之日，是為己丑子月十三日也，享年僅六十有四。嗚呼痛哉！夫有德不壽，余於孺人不能 / 無遺憾。而有子若孫，孺人亦可無憾于地下。兹以辛卯十月廿八日，命兒輩奉柩附塋于本里白虎山，虎形 / 巳山亥向，始祖塋之左。襄其事者，孺人姪憲司諱希文號敬寰君也。子並淂而記之，俟合塋日丐銘勒石，共萬年 / 之築云。/

萬曆辛卯孟冬月吉旦，郡庠生楊洧自譔，/ 哀子栲、新、栐泣血立石。

八十五、永寧長公主壙誌　萬曆二十二年（1594）六月五日

永寧長公主壙誌 /

公主乃 / 穆宗莊皇帝第四女， / 慈聖宣文明肅皇太后所出，今 / 上同母妹也。生於隆慶元年二月朔日辰時，至 / 萬曆十年二月二十一日， / 冊封為永甯長公主，下嫁駙馬都尉梁邦瑞。萬 / 曆十年四月十八日邦瑞卒，萬曆二十二 / 年六月初五日戌時公主薨，享年二十有 / 八歲。訃聞， / 上哀悼輟朝，卹典加優，逾倍常數。仍行所司卜 / 得吉兆，以十二月十七日葬于清良山之 / 原。嗚呼！公主蚤著淑稱，特膺寵渥，封號葬 / 祭，存沒榮哀。即壽祉弗延，而芳魂可永慰 / 矣。儒臣奉 / 詔，爰志于石，以閟諸幽。百世之下，其尚有徵焉。

八十六、郭廷秀暨妻馬氏墓誌　萬曆三十五年（1607）三月二十一日

明故顯考省祭官瀍東郭公暨配母孺人馬氏合塋墓誌 /

先君諱廷秀，字子仲，瀍東其別號也。世為洛陽人，始祖居瀍水之西，傳至曾祖諱 / 震，震生祖諱朝。嘉靖丁巳，穀水氾濫，漂民廬舍，孤家貲囊，亦被衝殤，故址已墟。祖 / 祔髀嘆曰：「舉家遭際水患，若爾等尚得保全無恙，此天所以點庇我也。」遂遷銅 / 駝口宅焉。雒人僉曰：「東關郭氏祖夙夜匪懈，數年間家業如故。」先大父配祖母何 / 氏，生孤父兄弟三：長即孤父；仲器，壽官；季廷選，府掾。皆先逝。姊妹三：長適處士 / 閆良科，亦先卒；次適衛掾戴可經；三適處士劉安行。先君于嘉靖十年三月二十 / 日誕生，务攻鉛槧，屢試未售，遂輸粟擢汝衛掾士。清白自守，勤勞是尚。只受冠帶 / 之榮，不求祿仕之美。配孤母馬氏，外祖處士馬增之女。孝事舅姑，和睦妯娌，其視 / 諸姪女不啻己出。憶虞天不祚壽，而竟逝于先君之前也。嗚呼痛哉！思先君生事 / 大父母，問安視膳，惟命聽從。殁之日，殯殮葬具，靡不竭力。其與仲季父無論家貲 / 巨細，惟常是讓，毫不欺瞞。撫育諸姪孫，選婚擇配，皆俾成立。其存心，其操履，若有張公 / 之態焉。且先君又好文墨，訓孤習舉子業。孤以樗櫟負教，又不忍孤以泯泯 / 者。遂走幣方岳，得拜承士也。是先君望孤甚殷，未得菽水之報而乃逝焉。終天 / 之恨，寧容已哉！蓋先君卒於萬曆三十四年九月廿四日，距生之年享壽七十有 / 六也。卜三十五年三月廿一日，啓亡姚之壙，遷移新塋而合葬焉，去雒城之北十 / 里許。孤夙夜彷徨，不能為文。恪遵文公家禮，抆淚以誌。先君繼娶劉氏，未育，亡。姚 / 生男二：長邦彥，縣庠生，先卒無子；次即孤也。娶處士陳廷現女，亡。繼娶掾士李邦 / 俊女，繼娶府庠生張溥女。生女三：長適處士王聆子遵禮；次適掾士宋治平子文 / 蔚；三適李尚德子府庠生應雷。孤生男二：長養志，娶長沙縣知縣趙彬女；次養悫，定 / 庠生王如綸女。生女二：長聘府庠生陳謙子維藩；次襁褓，未字。志生重孫女一，尚 / 务。書誌既成，恨未易銘者，聊記世系生子年姓于右。投笔涕淚，不知所云。 /

湖廣長沙府長沙縣知縣雅菴趙彬閱。

河南府庠生珮夫胡賓王篆。 /

洛陽縣庠生太合張弘宇書。 /

河南府庠生正吾劉經國書諱。

石工杜希美刻。

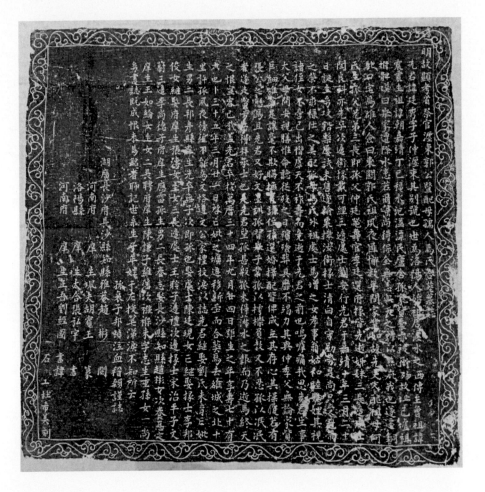

八十七、劉大道暨妻馬氏墓誌　萬曆三十七年（1609）十一月十九日

明故處士雲溪劉公暨元配馬氏合葬墓誌銘／

古青邾郚郡濬庠諭霽宇趙有容撰。／

劉生嘉志弱冠為邑博士弟子貟，雅而文其質也，邑中快士樂與之遊。余甫任，／即諗知其為傑傑者。兹歲，先葬期四日，浼余寅丈兩師過余，求合葬銘。余雖不／嫺扵文，第義不得辭，敢為代筆之役。按狀，劉君諱大道，號雲溪，原籍洪洞。其先／有諱廣者，自勝國遷黎陽北榆柳庄居焉。曾大父剛，大父欽，父昇。昇娶方氏，生／君。君家業素饒，自垂髫時，即不以富厚自多，惟好儒術，人咸以大器望之。後竟／以善養，終無復功名念。君性至孝，母一日疾，君侍湯藥，衣不解帶者旬日。籲天／減紀，願以身代。後母疾果愈，人咸以為孝感云。且澹泊自甘，非燕享不用精膽，／盖示後人以儉，更為養生計耳。君性卞急，不能藏人短，遇事輒發，已復悔急。故人事甚扵／己事，為之擁護鮮紛行，赤日中汗淫淫下，不辭。平生樂義好施，贍其／里族之不能作家居者，復嫁娶其里族之子女不能嫁娶者，凶歲賴以舉火者／不下百數十家。樂交好客，每賓讌竟席，不作一欺人語，客亦喜從君遊。凡遇投／止諸色人，更頃己下之，給賜不問去來，人益以此賢君。君碩人係生貟馬中／孚女，敬順婉娩，入劉門曲舉婦職，體夫君養志之孝。親視滌濯，羞籩籩，以上兩／尊人食，未嘗見不鮮物。凡炊爨庖餾之類，日與媼婢雜作，不為厭苦。終歲操作，／刀尺紡織不去手。凡接諸娣姒，間輸誠篤，一無所忤。以故家政井井有條，尊卑／內外宜之。碩人拮据肩勞，哭夫先背，鬱鬱成疾，忽一夕而告終焉。良可痛哉！舉／子一，即嘉志，娶鄉耆李崇本女。志三子：長士哲，娶邑掾蘇大望女；次士騄，聘都／掾楊光震女；三孝哥，未聘。君生嘉靖丙辰年二月初四日，卒扵萬曆乙巳年正／月十九日。碩人生嘉靖戊午年九月十六日，卒扵萬曆己酉年七月十九日。今／合葬焉，墓在祖塋之次。誌所載，不過述其大槩如此。至扵君之夫婦禔躬立德，／自昭昭在人耳目，余不敢贅。／銘曰：／

嗟嗟劉君，胡為乎豐扵德而奇扵數耶。數雖奇矣，德祉可錄。倜儻之才，揮霍／之度。內助惟賢，雍雍睦睦。有子有孫，多福多祿。兹窆泉石，靈神永固。百千億／年，見之者曰，此劉氏合葬之墓。／

萬曆三十七年十一月十九日。

八十八、董飭墓誌　天啓三年（1623）三月十一日

明處士勵敬董公墓誌銘 /

登仕郎、山西慶成王府教授邑人王允中撰。 /

奉直大夫、陝西鞏昌府同知臨城趙志鵬書。 /

邑庠生董子有光揖予而言曰：「吾父扵天啓三年三月 / 十一日卒，将葬，句先生一言以銘諸幽。」又曰：「吾父事父 / 心齊公孝，事繼母如母，侯扵親戚故舊，昆弟無惡無射。 / 徒手致千金，而自奉甚菲，未嘗輕費一錢。有怨不讐，有求必貸。輕狡無行之徒，一切遠之。此非吾之言也，是鄉 / 里之公評也。」予以為行若是，可銘矣。按公諱飭，字勵敬，儒官心齊正誼之子，行三，昆弟五。自高祖瑀及廣及 / 深及昌與九思，首業農。迨堯卿，載爲庠生，公大父也。配 / 李氏，生子二：長即有光，娶柏鄉生員楊隆禮女；次有用， / 聘生員劉蓁女。女二：長適任縣生員穆文衛；次聘扵□ / 儒官之光長孫。孫二：曰鐩，聘生員張盤銘女；曰鎬，方齠 / 齔。女孫一，亦幼。公生之歲，在萬曆四年四月初九，享年 / 四十有八。 / 銘曰： /

生而無□，不必其貴也。死而無憾，不必其長扵□也。世 / 豈無□戾而尊顯，眾所切齒。而壽考君子不□之榮，不 / 謂之壽，謂為竊位之夫而幸免之老。故知貴不籍軒冕， / 壽不假期頤，乃古今之真貴真壽，即三公與南山可夷。

明處士勵敬董公墓誌銘
鹽仕郎山西慶城王府教授邑人王允中撰
奉直大夫陝西西慶肇昌府知縣城苟志賢書
邑庠生童于有光揖予而告曰吾先君某三序三月
十一日卒將葬匄先生一言以銘諸壙予曰吾父事
心齋公而自奉甚菲非視歲故篤志弟兄無斛
杰手致千金而李揖母如毎侯於視歲費一錢有餘不譽有
求必覽輕授無行之槩一切遠之此非吾之言也是鄉
里之公評也予軒於以為若是可銘矣按公諱宇端及廣及
敬儒官心齋正誼之子行三昆第五南高祖瑞及廣及
里之公心嘗農業邵栽為序生大父也能
及及昌與九思首榮近堯邵栽為序生揚隆禧女次有用
李氏生于二長即有光娶柏生員揚隆禧女次有用
溪生于二長即有光娶柏生員穆次聘作周始
聘官之先長孫二曰鏈聘生員張盤銘女回鈬方始
儒女孫一曰切公生之歲在萬曆丙申四仲初九享
就女孫一曰切公生之歲在萬曆丙申四仲初九享
四十有八
銘曰
生而無藏不必其責也死而無賦不必其壽考不
豈無盡辰而尊冀而切萱而壽考不辭軒冕不世
謂之壽諒為藏儉之夫而南奪免之志故如貴不辭軒冕不世
夫不儉趙賾乃古今之真貴真壽陽三公與南山可夷

八十九、李橚如墓誌　崇禎元年（1628）十一月二十七日

明儒童橚如墓誌銘／

父振先痛惜泣叙，／本家李姓，先世為朝邑太陽杜人。／洪熙間，徙華陰，籍義賈里，居魚化村，自始／祖至予已八傳。予兄弟二，予行二，生子／有七，橚如其第三也，予妻張氏所出。此／子質頗醇篤，性亦活潑。七歲業儒，冀望／可以有成。鉅意氣數轉盡，早世不祿。子／事未完，父望全孤。嗚呼！吾生子而不淂／依子也。痛哉！子雖逝而胡為早逝邪！吾／子生于萬曆三十六年九月二十三日，／卒于崇禎元年九月十七日。今卜吉／崇禎元年十一月二十七日葬於村之西／南塋。予泣子，故泣誌見誌也，若以見子／也。

銘曰：

性命在人，修短在天。論父與子，／血脈相關。少者永訣，老者失安。

九十、游王選碑記　崇禎三年（1630）三月五日

額正書：明故文學游品六九公碑記

按文學游公諱王選，字惠直，泒品六九，乃大路游正九五公、張氏孺人所生茅／五子也。生于万力癸巳十月十七酉時。妻陈氏，生女希鸞，甫八歲，乏嗣。嗚呼！公／一生魄力尽于書詩，屢見試，取于天啓甲子，始入府庠，季考觀凤起送，皆見優／拔。至己巳，又起送取科羍。及庚午大科之年，公之心歃此羍建旗鼓中原也。不／意此年二月前房惡品六十盗賣祖大十三公祭田，典窟兄燃五八埋取不还。／公心憤激，毅然捐身，頓整綱常人心，維持世凤大脉。殺死，二月二十之日也。合／房即将盗賣田为公永祀，復刻碑叙行状以誌不朽。又立公祠，春秋享祀，使世／世之子孫根公之典無尽也。斯時也，公父母双全，年躋八十。兄弟五人：曰品四／六、品五三、品五七、品六四、弟品七十。男孫、女孫不及数紀尽。方望公冨貴荣显，／鉅意公不以此为念，寧以精神不朽，独傳千古也。嗚呼！公之仁成矣，千古奉之／矣，公之生无愧矣！今卜五月初五日時窆于白沙鳳形祖山乾巽，以为公佳城。／銘曰：

公生質直，世莫比躋。公死义立，古今其希。舍生取义，圣□全帰。／惠直彼心，绍齐知己。二公並垂，不絕口碑。天降斯人，悠久其灵。／

皇明崇禎三年三月初五日立石，兄品四六、五三、五七、六四，弟品七十，侄登四六寺仝立。

據自藏拓片錄文。

明　故

文　學　游　品　六　九　公　六　品　公　碑　記

九十一、林氏墓誌　崇禎六年（1633）正月二十八日

明故江母林氏孺人墓誌銘/

孺人林氏，金谿一都炳廿六公之女，適仝邑八都為江昌四公之孫妇，□四公之/子婦，配栢十七公號東源妻。孺人生子五：長煌五；次煌九；次煌十六；次煌十八；/幻煌廿四。生女二：鳳英、凰英。煌五娶林氏，生子培六。生女良英，適周愷廿三，/細英適東邑麻溪陳浩廿四，元英適一都付李生。培六娶盛氏，生長孫□、孫女寿/英。煌九娶徐氏，生子培七、培十、培十二。生女如玉，適榮塘魏。培七娶王氏，生細□、/女細□。煌十六娶林氏，生子培八、培十三、培十四、培十九、滿孫。生女奇英，適耿陽/徐□百廿一。煌廿四娶艾氏，生子培十六，生女瑞英，適雲霧周橋廿四。煌十八先/孺人卒，無继。孺人長女鳳英適一都黃榜生江十一、江十四，女甥江英適桂林王/立廿一。幻凰英適黎墟王充廿一，生江孫、女甥金英。孺人為媳孝，為婦順，為母慈，/處人恕。與東源公協力興家，居富無恃。歷年八十，皓首齊眉。東源公猶称老壯，較/勝蜀中，惜不及覩孺人以疾徂。嗚呼！此天意之損贏耶？抑孺人之帰寧耶？孺人生/於嘉靖甲寅年七月十九日戌時，卒於崇禎癸酉年正月廿八日辰時。卜葬於祖/山孔家嶺，首壬趾丙，兼子午三分，從吉兆也。因爲誌而継之以銘，/銘曰：

陟彼高崗，俛流湯湯。碩人利貞，陰騭其凝。/魄降不泯，魂升亦臨。視護視庇，子孫繩繩。/

哀子煌五、九、煌十六、廿四仝泣血立。

據自藏拓片錄文。

九十二、廖登暨妻施氏墓誌　崇禎八年（1635）十二月二十六日

明故壽官廖公兩泉暨賢配施孺人合葬墓誌銘／

邑庠通家制眷晚生申夙志頓首撰。／

孫廖鳳起篆蓋，／廖鳳臨書丹。／

治東三十里有馬廠集，盖古渦河襟帶之區也。河之陽六里許，廖姓聚廬於期。不孝先年談經是方，／遂識兩泉公，傾盖間若孔李通家云。相交念餘載，其惠顧之□，歲時伏臘之饋，實難以指數者。且命／仲子與不孝角藝一堂，眾孫隨從之遊。生平大端，不孝□聞□□習者最悉。會崇禎八年三月內揖／賓客舘，緣時事孔棘，擇吉於十二月念六日，啓施孺人之壙而合葬焉。主罍東魯君、仲罍衷一君踵／不孝門，泫然泣下曰：「先君辱相知者有年矣，玄宮之石，願借筆□。」不孝逡巡避席曰：「令嚴君賢夫婦／之稱，是一邑所望而震焉者，非名公不足闡，不孝為不□之文哉！」懇之再四，不孝遂正襟危坐，／從而誌之曰：按狀，公直隸鳳陽人。國初，高祖廖三公卜居於此，三公生整，整生旺，旺生宣，宣生臣，臣／生公父鄉耆公瑜，配朱孺人。生丈夫子三，長即公，諱登，別號兩泉。生而負異質，修體偉貌，鄉黨中具／□眼者竊奇之曰：「此廖氏撞破煙樓者。」幼習孔孟，業以數奇。未伸，遂入貲為臬司掾。凡與交接者，如／坐春風中飲醇醪也。性至孝，事兩尊人一言奉若神明，美餚異饌必誠心為敬貢。其冬夏之清温，則／常儀也。處兩弟怡怡之情，無所不周，每曰兄友而後弟恭也。居鄉黨，惟以謙撝自持。眾寡小大，咸得／其歡心。親戚中有待舉火者抱欲而來，必令其饜歆而徃。教子弟肫肫之念，常於尊師擇友為第一／訓，所以仲子與眾孫皆為膠庠有聲之士。處僕從嚴中寓寬，勞苦饑寒，體之至許。是以為下者樂於／承命，曾無一毫之怨咨也。晚年，精信因果，橋梁之修，廟貌之新，與天神像之粧塑，誠一鄉為善者之／領袖也。治行之梗概，当於三代中求之。內助之功，施孺人之賢誠可頌也。孺人體公之意旨，事翁姑／惟以色養為先，兩尊人每以佳婦許之。熊丸之和，雞鳴之驚，女紅之精，特其緒餘。而妯娌之和合，又／常婦之所遜烈者。惟和氣之致祥，是宜子孫振振而仁厚也。非是醇德之夫，又焉有淑慎之婦也。公／生於嘉靖三十三年十二月初一日，卒於崇禎八年三月二十五日，享年八十有三歲。孺人生於嘉／靖三十三年正月十四日，卒於萬曆四十六年八月十五日，享年六十有五歲。生丈夫子二：長一孔，／娶壽官劉希顏女。次希孟，邑

庠生，娶邑庠劉應雲女。女一，適縣掾陳加禎，孫男七孔。男二：長鳳起，邑 / 庠生，娶张崇信女；次鳳诰，娶府吏劉沾信女。一孔出孟男五：長鳳臨，娶邑庠宋擧女；二鳳翔，娶庠生 / 朱文英女；三鳳來，娶省祭朱正官女；四鳳至，娶司吏祝爾榮女；五鳳翥，娶郡庠生張端祥女。希孟出 / 女孫六孔，女四：長適祝鍾嵩；二適王家俊；三適晉於儀；四適王先祐。一孔出孟女二：長適府庠生王 / 應；第二適劉源溁。希孟出曾孫男七。鳳臨出者：長應期，聘知印張炳然女；二應試，聘司吏宋光祐女；/ 三應擢、四應錄，尚未聘。鳳翔出者：長應徵，聘司吏朱光華女；二應澤，聘顧九壽女；三應瑞，聘符中節 / 女。曾孫女四。鳳起出者：長字張琰男載若；二字武舉符定遠長男。鳳來出者女二，尚未許字。若公者 / 四世同堂，一門襲慶，又且富而好禮。邑賢令採風問俗，錫以冠帶，□其門曰「望隆月旦」。良有以哉！/ 詩所云「夫婦和而後家道成者」，蓋公與孺人之謂也。誌而銘之，夫誰曰不然。/

銘曰：渦水鍾愛，哲人斯生。士女釐降，作配德行。子孫多賢，福壽埶京。/ 皇恩寵錫，冠帶光榮。拭日科第，灵黃立隴。玄宮含笑，萬代昌隆。/

崇禎八年歲次乙亥十二月念六日之吉。

不肖男一孔、希孟全泣血納石。

石匠馬□良刊。

據自藏拓片錄文。

九十三、李紹元墓誌　崇禎九年（1636）九月二十七日

明儒官南闕李公墓誌銘 /

儒官李公卒。先是，起家龍門，體貌康健，精神強毅，無一萎蕍狀。迨流氛初 / 渡，黃河新漲嵩廬，霅時悉為戰場。未幾，而烽火浸淫辛佛湦槐各村店，而 / 龍門鎮汲汲于不可支矣。南闕李公偝億率弟子姑婦逃寇扵雒之宣化 / 坊西，焦勞不遑，憂鬱快悒。越明年夏仲月，為造物愚而不禄矣。余適官□ / 師其子如瑾。因李公窆蓳有期，持所為狀走幣都門，問余以銘。余與李氏 / 講世好李公之懿行舊矣，且稔知焉，義不可辭。據狀，李公諱紹元，字體元， / 別號南闕。上世雒陽人，始祖仲得從我 / 太祖迅掃胡元，授総旗。得生銘，累功陞橫海衛副千戶，調河南衛中前所。銘 / 生敬，敬生洪，洪生昇，是為高祖。昇生曾祖瀚，世守未艾，瀚生武畧將軍柄， / 其乃祖也。娶張氏，封冝人。生子四：長伯，將軍榛；二伯梅；三伯枝；其行四松， / 正儒官之父。儒官其嫡嗣也，曰紹魁、曰紹弟、曰紹培、曰紹箕，則其弟也。李 / 公賦性聰穎，少而岐嶷。先大父嘗目之曰：「將來大吾家聲者，殆其子歟。」無 / 何命運淹蹇，文衡不售，軏隱龍門。衣冠承先，耕讀啓後。性嗜恬淡，不屑與富貴遊。帑腴 / 益豐，田畯日盛。且有隱德，事神禮佛，水陸無數。好施樂予，廣置佛田，僧禪載道，骨肉內外 / 無間言。李公雖出將門，而喜敦詩禮。廼以子出就外傅，朝夕課誦，即隆寒盛暑不輟。諸嗣子奉 / 其訓，亦克底扵成。長君筆氣矯矯，五經淹灌，諸子百家供其揮洒，司馬子長其流亞也。游矕序， / 措顧飛騰，不足言。仲君嘂宇魁偉，磊落不凡，可與長君輝映後先焉。李公教訓之力，差足睹哉！ / 且也諸孫林立，悉皆國嘂，而屈指英物，有八元八凱之盛耳，孰非李公貽謀效乎！李公生扵隆慶 / 丁卯年十二月二十一日子時，卒扵崇禎七年五月十六日亥時，壽六十八歲。娶侯氏，侯君諱茂女。 / 生子二：長如瑾，生員，娶百戶許君諱克纘女；次男如珍，娶侯氏，侯君諱献璧女。女一，適生員楊君 / 諱廷樞子世晉。故孫男澄清、洁灝，瑾出。湛，珍出。清聘王君諱吉女。次孫女字孝廉商君諱 / 永傑次男商嗣璉。甥孫男楊伯昌、仲昌、叔昌、季昌、纘昌、續昌。將以崇禎九年三月二十 / 七日塋伊闕南五里許祖壠之次，從吉兆也。□為之銘，銘曰：

閥閱雲仍，奕世象賢。保艾爾 / 後。遠砌芝蘭，錫之福祉。俾永厥年，純暇駢闐。龍劍雙全，鬱鬱佳阡。以妥以安，信 / 不泯而可傳。 /

賜進士右春坊、太子右中允、兼翰林院編修眷生王鐸頓首拜撰。

九十四、金兆登墓誌（殘缺） 崇禎十二年（1639）三月

字子隽，世居嘉定羅店鎮。曾祖棣，/祖翊，以孝弟力田起家。父大有，嘉/靖戊午鄉貢。母傅氏。此君之族出/也。少為文章，汲古振奇，大變吳中/舉子熟爛之習。萬曆壬午舉鄉貢，/十上不第，授都察院都事以老。此/君之履歷也。罷公車，年力方富，迄/不復往，以有母在也。年七十，舉/觴流/涕，謝絕賀客，痛父之無年也。偕計吏/北上，夜亡其行橐，有司窮治，勒主/家賣贏以償，君憐而舍之。年幾艾，/生子德開，人以為冥報。君之孝友/忠信，仁心為質，皆以此類也。余于/孟陽之狀，取其與丠達相證明者，/數端而已。蓋余之所以誌君者如/此。君為人深中隱厚，與人交，不翕/翕熱，皆有終始。余之下吏也，君既/病矣，每刺探獄之緩急，為加損一/飯。病革，猶數問余歸期何如也。余/何忍不銘？銘曰：

周官以鄉三物教/萬民，而賓興之，一曰六德，二曰六/行。最君之生平，醇和粹美，庶幾乎/三代之遺民。使其比肩七十子，揖/讓于聖人之門，吾夫子不以為君/子，則必以為善人。/天子方行徵召之典，玄纁備禮，公車/交辟，而君顧老死于荒江寂寞之/濱。嗚呼！後世尚有考于斯文。/

賜進士及第、通議大夫、禮部右侍/郎、兼翰林院侍讀學士、詹事府協/理府事同郡錢謙益撰。/

同學布衣程嘉燧書丹。/

章懋德刻。

據錢謙益《牧齋初學集》卷五四《墓誌銘五·金府君墓誌銘》補前半部分殘缺內容如下：

嘉定唐時升叔達為金君子魚記所居福持堂曰：「子魚生百世之下，而尚友百世之上。自聖賢所以和順于道德，與經綸曲成之務者，皆默而識之矣。古今興衰成敗得失之故，莫不畢觀。而于天人之際，幽明之故，感應之理，晚而尤究心焉。至於非法不言，非禮不履，與人居，未嘗以其博識愧寡聞之徒，以其篤行恥浮薄之俗。其中則與古為徒，而其外則油油然不求自異於鄉人。蓋其可見者，成人之美，必彌縫其所不備；稱人之善，必覆護其所不及。導人以義，若恐傷之；振人之急，若恐聞之。不求多於天，不取盈於人。故其至行有以感動神明，而聲譽及于里巷兒童婦女之間。」當是時，君年七十矣。吳之賢士大夫，登君之堂，皆以為無愧詞。君讀而喜曰：「他日雖取以誌我可也。」

又十有二年，君年八十有二，以崇禎戊寅二月卒。次年三月，其子德開、德衍
葬君於界涇之祖塋，屬程嘉燧孟陽為行狀，而謁銘於余。孟陽之狀君，敍述
其束修勵行，積習於家庭，而發聞於鄉里者，可謂至矣，要不出於叔達所云。
予又欲別為之志，不已多乎？無已，則以叔達為征，而以孟陽之狀足之。按
狀：君諱兆登。

九十五、余天相墓誌　崇禎十四年（1641）正月

明顯考余公默吾先生墓誌 /

建昌府學增廣甥周邦喜撰文。 /

南城縣學庠生甥上官樞書丹。 /

南城縣學庠生婿□周□□篆額。 /

舅氏諱天相，而取義於默，號曰「嘿吾」。明乎守吾，默以合天，其人自可以意得也。喜彗而叨教，淂相□□□□□赾□□能與舅氏異者。舅氏 / 獨愛予為詞，不私且阿。嘗戲謂：「眼今盍先誌吾墓。」不肖遂舌橋而不能應，意何忍卒計乃爾，逡巡至四，□□□□於是弟拜而赾，媿不能贊佩， / 叭光塔砌度。舅亦念不圉此，獨才抬筆，淺於以相質，披文則有未必盡然。未免影略，寧不肺腑刻欲繪□□□□如予之功。且遠者不言其遲， / 且刼而已。凣人欲有為於世，而時與地遽能副所欲，為人曰得迻其所可見。而我舅闇然君子，所謂欲有為□□□為者也。蓋其刼而端慧，從 / 事於族紳雲台先進之門。其於語孟六經，輒用身骵力行。不幸而外祖文淵公早逝，遂以學問之道齊家孝□□□□□其撫有二弟，課叭 / 詩書，□以家室，不具論。而諸姪輩婚取成立，各有歸虜，家無兩視。斯於古先正，差為不易。至於族繁而事屬，強馴弱帖□□□都人士□□ / 来言曰：「舍若翁，更無人杰者。」 豈非其積累然乎。雖家起素封，不能不稍衰止。嗚呼！寧有身許豪儁，心期曠遠，猶淂向塩泉□□中問豐盈耶。唯 / 其結習深於風雅，是以常在人意中也。苦乎哉！天道不測，妙能使多生多難之後，留一寧馨。先是，非不舉大□子曰：「虞□□□。吾門如青萍結 / 綠，盍如崔纏，亦既抱子。有女祥姑頗能光復舊物，而卒早夭。天之意叭為若，而子猶未足厭夫人敬士之報也。」□者其□□□初娶李孺人，次 / 則陳孺人。虞授，其陳出者。最後，則吳孺人。多女復冝男，其以當碩果之存，有以也。舅氏兄弟姊妹凡六人，姊則適蕭□□□又是，舅其長也。□ / 太吾舅，行八，次之。養吾舅，行十一，又次之。吾母則幼妹也。不孝以藐孤喪父，泠支門戶者數載，而數蒙矜恤，予其□□□日忘。亦唯矢志不□ / □阻，庶不負厚望意耳。念予父以朴厚沃敦舅好，皆於世未一之有為焉者，而其心則固欲大有為者也。然使□□□舅氏不必自為□里閈 / 榮之矣。雖使時顯位隆，當不過是。所生女四：長配羅君京来，君明德之近裔，而圭峰之嫡支也，與虞授全出陳氏；次配□君德明；又次配李君 / 長榮。

幼則羅君堂弟京□。皆望榮瓊樹。吳孺人所生，復幸曉育岐嶷，小字白羅，
余姓而托於羅者何，從俗也。□□歲，取名永勝，沠應秀十。□然／已有私
禱穆卜之者曰，天其或者鍾是哉！羅甥李甥──應瑞應兆若競秀然，舅氏之
骨月始此。舅□□嘉靖□□□二月初二日吉時，享／年柒拾有柒。多方於形
家之求，每偕予卜度而率未果。今恐以可遇不可必之故，卜宅於近山之陽□
□□崗壚□□□前，正作酉山卯向，身／早自為計，遂以薦萬世祜。銘曰：
／

伊何人，師往古。予元舅，榮世譜。學聖賢，不俗伍。修履吉，閱諸苦。
欲□□，□下土。撫弟妹，□亦子。□昔□，／懷乳哺。暢所私，誇福履。一
枝植，應翹楚。締蒹葭，彌遠阻。未免情，□□□。向山陬，問□□。卜云
吉，□□□。／永千烁，紆青紫。料彼蒼，未薄爾。預為之，作墓□。／

皇明崇禎拾有肆年歲在辛巳出正月穀旦立。／

□永勝、孝侄余守賢守牧、孝孫□明□明德等泣血□拜立。

據自藏拓片錄文。

九十六、福忠王朱常洵壙誌　崇禎十六年（1643）正月八日

大明福忠王壙誌 /

王諱常洵，乃 / 神宗顯皇帝之第三子，母 / 恭恪惠榮和靖皇貴妃鄭氏。萬曆十四年正月初五日生，二十九 / 年十月十五日 / 冊封為福王，四十二年三月二十四日之國河南河南府。王居國，/ 敦厚和平，親賢樂善，遇士大夫有禮，人稱其有東平河間之 / 風。崇禎十四年正月二十日，突有流賊數萬攻陷府城，民軍 / 逃竄，王獨挺身抗節，指賊大罵。二十一日，遂死難焉。一時宮 / 眷、內官相率赴義，冒刃投繯者百餘人。/ 王享年五十六歲。妃鄒氏，子一人。訃 / 聞，/ 上輟朝三日，特遣戚監科諸臣詣府察勘予祭。葬從優，一切喪禮 / 視諸藩倍厚，賜謚曰「忠」。更為之立廟，建坊賜額，以表其烈。豎 / 碑以紀其事。/ 東宮及在京文武官皆為致祭。以崇禎十六年正月初八日 / 葬於邙山之原。嗚呼！/ 王以 / 帝室至親，享有大國，著聲藩輔，而慷慨激烈，與城俱亡，剛陽浩氣，/ 雖死猶生。孔曰成仁，孟曰取義。王庶幾其無愧焉！爰述其槩，/ 勒之貞珉，用垂不朽云。/

孝男嗣王由崧泣血書石。

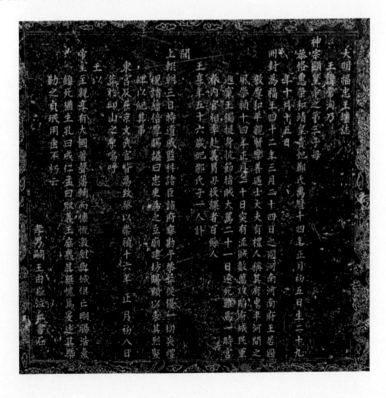

九十七、楚雄縣主壙誌

額正書四行：皇明宗室／通渭端順／王女楚雄／縣主壙銘

皇明宗室通渭端順王女楚雄縣主壙誌／

粵惟我／聖朝宗室子女，衍／天潢之派，題玉牒之名，受封號以承榮貴。遡厥源流，自／太祖高皇帝開萬世無疆之大，賴一人有慶之光，天下為／之隆盛，遠過周商於漢唐宋也。緊若／韓藩通渭端順王楚雄縣主，乃／高皇八代苗裔，王孫之女。生而質稟純粹，姿容清雅。妙婉孌／之秀氣，貞宮闈之芳懿。遵母訓而溫恭，盡敬孝而誠意。／蓋女中高明之儀可揚者也。既而選配／韓府典膳劉揚蕙長子劉鎮——俊秀之英為東床，結縭／之佳，以為／宗人府儀賓、亞中大夫。伉儷欲成其久，而縣主善事，無所／驕怠，殊有治家，整肅閨儀甚則。王家親舉之象將百／年，而倏離歸逝。／朝廷賜御祭，重親親也。葬劉氏先塋，永為安厝于郡南之／麓焉。因誌以銘曰：

縣主之貴，金枝玉葉。國賓之聯，／鳳彩鸞別。千載斯銘，雲霞輝徹。□居仰止，祀享豐悅。

九十八、常原墓誌（殘缺）

處士章公叔華墓誌銘 /

前進士、直隸蘇州府常熟縣知縣，歸田臨江 / 傅玉良譔。

徵仕郎、吏科給事中郭 / 璘書。

前進士、江西瑞州府推官，琴川楊 / 仲篆。

處士姓章氏，諱原，字叔華。其先為 / 淮陰清河人，避金寇，隨宋南渡，遂家扵 / 吳之常熟縣市子游巷，九世至叔華。值 / 元季兵变，奔竄流離，備歷艱辛。國朝平 / 定海宇，復覩隆平。洪武庚戌，公厭市喧，/ 徙居縣之福山鎮東南□，室廬田園經 / 理就□。□為人質稟敦篤，好善……

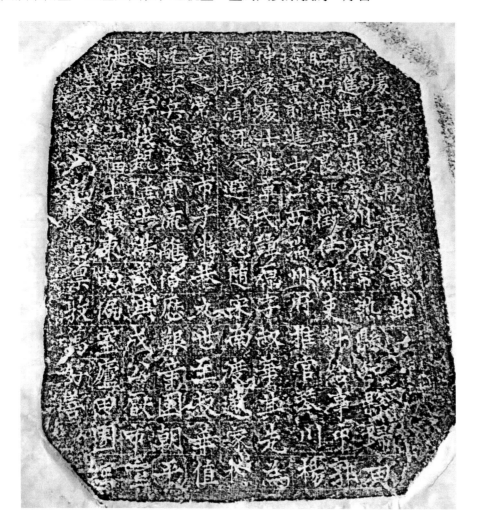

九十九、廖兩泉暨妻施氏合塟墓誌蓋

誌盖篆书五行：明故壽官 / 廖公號兩 / 泉暨元配 / 施孺人合 / 塟墓誌銘

一○○、孫公墓誌蓋

誌盖篆書四行：明將仕郎／伊藩引禮／舍人父孫／公墓誌銘

參考文獻

1. 周峰編：《貞珉千秋——散佚遼宋金元墓誌輯録》，甘肅教育出版社，2020 年。

2. 周峰編：《散見宋金元墓誌地券輯録》，花木蘭文化事業公司，2021 年。

3. 周峰編：《散見宋金元墓誌地券輯録二編》，花木蘭文化事業公司，2021 年。